겨울나기

겨울나기

글쓴이 / 이영섭
펴낸이 / 孫貞順
펴낸곳 / 모아드림

1판 1쇄 / 2010년 11월 30일

서울 서대문구 북아현3동 1-1278
전화 / 365-8111~2
팩시밀리 / 365-8110
E-mail / morebook@morebook.co.kr
http://www.morebook.co.kr
등록번호 / 제2-2264호(1996.10.24)

ISBN 978-89-5664-139-0

* 이 책은 경원대학교의 저술지원금을 받아 이루어졌음.

값 8,000원

모아드림 기획시선 128

겨울나기

이영섭 시집

모아드림

■ 시인의 말

내가 마지막 떠날 때
그대 겨울 눈빛에 잠긴
이슬의 슬픔을 보리

나그네의 길에 잠깐 만나
나눈 붉은 사랑
이파리가 더디 피리니

숱한 문을 지나
들어가는 성곽에
대적할 자가 많으며

가난한 나그네를 만나도
형제처럼 따듯이 대해
첫 열매를 간직해야 하리

차 례

2부 사도행전

3부 위해일기

4부 하이쿠 시편

5부 혼합영혼

1부 겨울나기

유월절 예배

— 아벨의 제사

주님이 세상을 이처럼 사랑하사
문설주 기둥에 피를 칠하는 것
주님이 세상을 이처럼 사랑하사
양의 첫 새끼와 그 기름을 드리는 것
주님이 세상을 이처럼 사랑하사
예수가 십자가에 매달리는 것
주님이 세상을 이처럼 사랑하사
옥합을 깨뜨려 향유를 바르는 것

피와 기름은 본래 당신에게서 나온 것
되돌려 드리는 우리의 예배가 어찌
오로지 주님을 기쁘게 하지 않으리
하나님은 사랑으로 우리의 살과 뼈를
이 세상에 흩뿌리신 분이시며
당신을 기억하지 못하는 모든 삶은
한낱 흙과 먼지로 흩어지는 것이니

아담 안에서 모든 사람이 죽은 것 같이
그리스도 안에서 모든 사람이 삶을 얻고
마지막 죽음이 당신 아래 굴복할 때
굴복하지 않을 자가 없으리니
하나님의 아들이 먼저 그렇게 하였음이라
피를 흘리지 않은 자가 보혈의 믿음으로
사망이 사람으로 말미암음 같이
죽은 자의 부활도 사람으로 말미암는다
죽은 자들이 다시 살지 못하면
사람들이 세례와 성령을 왜 받겠는가
날마다 스스로 죽음으로 깨어 의를 행하고
부끄러움으로 죄를 거듭 짓지 않으리

부활의 몸

— 고린도 전서 15장 다시 읽기

죽은 사람들이 어떻게 다시 살아나며
어떠한 몸으로 오느냐고 의심할 때

뿌리는 씨가 죽지 않으면 살아나지 못하고
몸이 보이지 않는 밀과 알갱이를 뿌리며

그 씨의 형상은 주께서 주시므로
주의 뜻대로 세상의 몸은 다 같지 않으니

사람과 짐승과 새와 물고기가 서로 다르듯이
하늘에 있는 몸과 땅에 있는 몸이 다르고

하늘의 기쁨과 땅의 기쁨이 다르듯이
해와 달과 별과 모든 별의 빛이 다르네

죽은 사람의 몸은 썩을 것으로 심고
부활은 썩지 아니할 몸으로 다시 살며

욕된 것으로 심고 기쁨으로 다시 살고
약한 것으로 심고 강함으로 다시 살며

육의 몸으로 심고 성령의 몸으로 거듭나니
육의 몸이 있으므로 신령한 몸이 반드시 있네

첫 사람 아담은 산령이 되었으며
마지막 아담은 살려 주는 영이 되었으니

첫 사람은 땅에서 나 흙에 속하지만
둘째 사람은 하늘에서 나셨음으로

우리가 흙의 형상을 입은 것 같이
우리는 하늘의 형상을 입으리니

살과 피로 하나님 나라를 이을 수 없고
썩은 것으로 썩지 않음을 이을 수 없네

부활 때에는 다 잠자고 있지 않으며
마지막 나팔소리가 죽은 자를 깨워

순식간에 홀연히 다 몸이 빛나리니
썩지 않을 몸을 입고 다시 살아나리니

썩을 것이 썩지 아니함을 입고
죽을 것이 죽지 아니함을 입을 때에

비로소 승리의 기쁨으로
죽음을 영원히 삼켜버리게 되리

죽음아 네가 과연 이겼느냐
죽음아 네가 노린 것이 어디 있느냐

네가 쏜 것은 다만 죄요
그 죄의 권능은 율법일 뿐

죽음의 낡아빠진 위세를 딛고
우리가 반드시 승리를 얻으리니

감사하는 입술과 믿음의 무릎으로
영원한 생명의 주를 노래하리

겨울나기

— 고린도 전서 16장

내가 마지막 떠날 때
그대 겨울 눈빛에 잠긴
이슬의 슬픔을 보리

나그네의 길에 잠깐 만나
나눈 붉은 사랑
이파리가 더디 피리니

숱한 문을 지나
들어가는 성곽에
대적할 자가 많으며

가난한 나그네를 만나도
형제처럼 따듯이 대해
첫 열매를 간직해야 하리

모두가 위로 받는 날

노래하라

당신의 자비하심으로 위로 받으며
세상의 고통을 능히 이길 수 있음을

사람들과 더불어 얼굴이 붉어지는 저녁
내려놓지 못한 내 혈기와 흥분의 소멸을

손과 발이 붓고 가슴의 통증이 도질 때
눈시울이 뜨거운 당신의 긍휼과 평안을

십자가의 고난이 우리에게 넘친 것 같이
우리가 스스로 위로에 참예하는 빛임을

노래하라

우리가 이 땅에서 오래도록 당한 압제와

감당할 수 없는 통곡을 넘어선 시간을

우리 가슴에 늘 품어온 죽음의 유언장과
오직 의지할 수밖에 없는 당신의 권능을

크나큰 사망의 늪에 사로잡힌 영혼과
벼랑의 목숨을 붙드는 그 큰 손바닥을

부르짖는 입술과 울림에 겨운 소리들아
간절히 소리쳐라 네 음성이 은혜를 입었음을

내려놓음

세상이 칠흑 어둠의 불길에 휩싸일 때
가증스러움의 혀가 광란으로 번들거릴 때
노예의 늙은 나이를 내려놓아야 하리

세상을 이처럼 사랑하사 서른세 살의 나이로
해골 언덕에 몸을 내려놓은 청년 예수 그리스도
피멍든 얼굴과 퉁퉁 부은 눈두덩을 바라보면서

아들이 피 흘려 죽음에 하늘 끝에서 애통하는
참담한 하나님의 그 큰 눈물방울의 클로즈업
패션 오브 크라이스트의 장면을 상기하면서

눈물이 어둠을 적시며 모든 관객의 무릎에 흘러
오랜 침묵을 깨고 애통의 홍수로 시작되는 여름
멈추지 않고 쏟아지는 폭우를 온몸에 맞으면서

그치지 않는 슬픔이 앞마당의 따알리아 허리까지

차오르며 가을을 부르는 구름과 바람을 막을 때
마음을 잃은 내게 주시는 말씀을 들어야 하리

내려놓고 내려놓고 또 내려놓으라는 눈물의
그 치솟는 물길이 내 어둠의 둑을 넘쳐흘러
오랜 통증으로 시달린 눈과 귀를 위로하면서

궤계詭計 앞에서

이천오백 년 전 공자의 가르침도 내가
원치 않은 것을 남에게 요구하지 말고
덕은 남을 용서하는 것에서 비롯되며
서로 처지를 바꾸어 마음을 같이하여
입에서 나온 말을 굳게 지키라

하나님은 여전히 근심하지 않으시고
오히려 불안한 내 염려가 남의
마음을 가두어 눌러 괴롭히는 것이
세상에서 짓는 가장 큰 죄와 벌,
다 늙은 귓바퀴에 가늘게 뚫렸는데

긍휼과 애통에 도달하려는 목젖이
죽음의 먼 문턱에 걸려 숨이 차니
차라리 나를 자주 용서하는 위로가
날마다 주저앉는 분수에 맞으니
두려움에 떠는 신음소리 서글프다

사랑을 그에게 다짐하고 확인하라

“무슨 일이든지 뉘게 용서하면
그리스도 앞에서 용서받을 것”

사단에게 속지 않게 하려는 말씀과
사단의 궤계를 결코 모르지 않은데

놋뱀과 십자가

어두운 골목길을 나와서
길을 찾다가
낡은 마음에 가려져
다시 길을 잃었을 때
하늘의 별이 보이지 않고
집을 찾을 수 없을 때
발잔등이 붓도록 늦게까지
사람들과 어울려 놀다가
세상이 낯설어지고 두려워져
안팎으로 길을 헤매며
돌아갈 곳조차 생각나지 않을 때
하나님이 공중에 높이 들어 올린 것은

내가 스스로 뱀에게 물렸다는 것
내가 스스로 십자가를 졌다는 것

놋뱀과 십자가는 고개 숙인

세상에 길 없음을 알려주는 징표
성화聖化는 세상을 살아온
길의 어둠을 다시 묻고
보이지 않는 하나님의 길을 찾아가는
믿음과 생명의 회복이며
모세와 예수는 믿음을 확인하는
인자의 예표와 이정표이니
길 위에 놓인 돌과 나무에 채여
세상을 술처럼 마시고 취해서
하나님의 길을 잃고 통곡할 때
놋뱀과 십자가를 다시 본다

당나귀 가족

외로움과 그리움이 만난 시간이 뼈 속 깊이 시려 온다. 가난이 묵은 방 안에는 오래 동안 쌓인 바람과 별빛과 눅은 비와 구름, 그리고 눈이 허리까지 차오른다. 문고리에 묻은 낡은 지문이 소리 없이 흐느끼고 그대의 들리지 않는 모음이 견디기 힘들다. 외짝 양말이 흩어진 어둠의 시신을 가로질러 시간이 자주 찢기고 짜깁기하면서 문득 높은 언덕이 솟아나고 한밤중에도 깊은 슬픔의 골짜기를 자주 지난다. 보이지 않던 얼굴이 낯설게 마주치면서 쇳물처럼 쏟아지는 혀와 혀의 긴 그림자. 서늘한 자리에서 한 치를 벗어나면 여름이 보이지 않듯이, 홀로의 외로움에서 한 걸음 앞서거나 물러나도 그대는 보이지 않는다. 그대 안에서 사랑은 우물과 공기가 다른 몸. 각각 물 속 깊이 잠영하며 어둠을 두려워하지 않고 플랑크톤을 헤아리며 꽃이 피었다. 그대 안을 향해 손을 한없이 저으면서 피와 땀이 체온을 조절하고 몸과 섞이는 물의 부드러운 숲에서 보이지 않는 열매를 맺었다. 꽃잎이 지기를 기다려 억지로 제 옷을 입혀 감싸 안으며 제 집으로 돌아가는 눈빛 다른 뒷모습이 새겨지는 시간. 그 고통을 늙어지는 누구도 감당할 수 없다. 애초 다른 옷을 입은 그대의 서툰 사투리가 결코 어색하지 않았으나, 점점 내 유년의 생생한 자음이 밤마다 수차를 밟는 그대의 물소리에 파묻혀 귀청을 잃어버리게 된 날, 늦은 식탁은 시끄럽게 부르짖는 일상의 높은음자리에 의해 소리 없이 제 빛깔을 잃었다. 고질이 된 불면이 제 몸을 번제하는 예배를 시작하고, 장막 밖에는 다시 새벽 순례를 떠나는 당나귀의 기도소리가 분주하게 들려온다.

回心을 위한 노래

— 시편 1편

얕은 시냇가에서 헤엄을 치며
키 큰 포플러와 높은 구름이
푸르디푸른 하늘을 배경으로
계수리까지 이어진 신작로 길
토끼풀을 뜯으며 소리 없이 반기는
외사촌의 해맑은 눈웃음이 자꾸만
손짓을 하는 그 여름의 외갓집
울타리도 없고 벌거벗은 몸으로
풋풋한 냄새가 물씬 코끝에 묻어
작은 들짐승처럼 킁킁대면서 서로
몸 냄새를 맡으며 시시덕거리는
이종의 순하디 순한 이빨과 눈빛
어른들의 걱정을 손사래 치면서
물장구를 치며 소름 돋는 살갗을
닭살 돋는다고 깔깔대던 용호가
늘 하늘의 율법을 즐거워하더니
잎사귀가 마르지 않은 나무가 되어

아버지의 시냇가에 우뚝 서 있는데
나는 바람에 나는 겨와 같이 심판에
견디지 못할 만큼 세상을 떠돌다가
형제들이 있는 곳에서 멀리 있으니
아버지는 내게 말씀으로 다시 이르시네
의인의 길은 인정하나 악인의 길은 망하리라
부끄러운 내가 어찌 아버지의 문을 두드릴까
다만 이 칠흑 어둠에서 멀리 벗어날 때까지
형제의 순한 웃음과 눈빛을 간직하고 살아가리

아버지의 숨바꼭질

— 시편 2편

어머니의 치마폭에 숨어서 내다본 유년
어느 날 전쟁의 두려움과 공포가 끝나자
낯선 나라 사람들이 분주하게 오가며
분노와 헛된 일로 결박된 흐린 얼굴들
가난의 비와 구름과 바람이 몰려들고
그 얽맨 것을 끊고 벗어버리려 하나
하늘이 고개를 저으며 비웃고 말한다
너는 내 아들이다 내가 너를 낳았도다
낮은 음성이 아직 귀에 잘 들리지 않지만
그 소리의 기쁨이 이 어둠 끝에 이른다면
철창으로 원수를 깨뜨려 부숨이 마땅하리
질그릇같이 산산이 부서지는 내 서러움아
나의 깊은 숲과 높은 언덕의 보이지 않는
내 아버지의 분노를 견딜 수 없으리니
스스로 지은 흉터의 결박을 풀어 그 분을
경외함으로 섬기고 떨며 즐거워하라

진노가 성급해 너희가 죽음의 바다에
이르기 전 어두운 외길에서 죽으리니
어서 일어나 그 빛의 아들에게 입 맞추라
생명줄을 잇는 사람은 모두 복이 있도다

적에게

— 시편 3편

당신이 늘 곁에 있는데도 내 안에
감당해야 할 적이 어찌 그리 많은지
그들은 내가 당신에게 버림받았다고
거짓말로 조롱하면서 나를 괴롭히고
내게 실연과 외로움의 고통을 주네
그러나, 당신은 내 믿음의 방패
오로지 나의 기쁨이며
내 머리를 세상에 드시는 분

적들아
내가 아버지께 이렇게 부르짖어
그 거룩한 산이 쩌렁쩌렁 울리고
아침이 어두운 잠에 깨어난 것은
아버지가 나를 일으키시기 때문이다
너희가 모두 나를 둘러치려 하여도
나는 더 이상 세상이 두렵지 않다

일어나세요
나의 사랑이여 나를 붙드세요
내 모든 원수들의 턱과 이를 꺾어
그들이 자행하는 어둠을 절멸하고
당신이 나를 보호하심같이
당신의 빛이 내 뜰 안에 가득 쌓이도록
어서 일어나세요

겨울 강가에서

흘려보낸 마음이 지금 내 앞에 있네
미명에 와서 발 벗어 놓은 그대

흐르지 않는 늪과 침잠하는 어둠 속에
스스로 가두어 회복하지 못한 눈물

그대를 만나기 위해
다시 언 손과 발을 추슬러

함께 시냇물을 건너던
지나온 시간들을 수습해야 하리

물고기들은 흐린 세상에서
이미 물빛 깊은 곳으로 내려가고

빈들에는 눈서리 알갱들이
서로 낯을 붉히며 잉잉거리는데

가뭇가뭇 멀어지는
그대의 소성蘇醒이 흐르는 곳으로

허리를 잠그고
머리를 잠그고
온몸을 잠가야 하리

주여, 가을이 왔습니다

지난여름, 넉넉한 수분과
풍성한 햇살로 잘 자란 나무들
흰 새털구름을 머리 위에 모으며
가을이 다가 왔습니다

다채롭게 세상을 수놓던
작은 꽃잎들이 물기를 거두고
선선한 바람에 나부끼며
제 길을 훌훌히 떠나고

점점 깊어가는 하늘에는
별빛이 믿음처럼 또렷이 박히고
당신이 쓰고 계신 면류관에
거룩한 눈빛이 새겨 있습니다

서글한 얼굴을 바라보며
더운 마음을 내려놓는 시간

서슴없이 밟은 길의 갈피마다
눈시울이 뜨거워집니다

묵은 시간을 조용히 내려놓고
부은 발을 씻어 주시며
무거운 가슴을 쓸어내려 깊은
가을을 올올이 빗으시는 저녁

더 낮은 곳을 향해
길 떠나는 나뭇잎들처럼
오직 당신을 마주함으로
기도의 무릎이 닳게 하소서

踏橋

어디쯤에서 늘 그대가 기다리고 있음을
그곳을 향해 내 몸이 비스듬히 기움을
아침 이슬이 세상으로 건너올 때처럼
그대, 햇빛 짱짱한 바닷가의 더운 입김으로
그대, 달빛 고요한 강가의 서늘한 눈빛으로
언제나 내 깊은 곳으로 다가오고 있음을
언제나 내 발밑에서 허리를 굽히고 있음을
내가 그대를 밟을 때마다 고통스럽게
내가 그대를 건널 때마다 숱한 슬픔으로
목이 쉬어 말을 이을 수 없도록 힘겨운 밤을
자주 쏟아지는 소나기로 가눌 수 없는 몸을
그대의 온몸을 바쳐 나를 이처럼 사랑하므로
세상을 걷는 절름발이와 흉터로 얽은 내 얼굴
애통할 때마다 오히려 감싸 안아 위로하던 음성을
그대 찔린 몸에 맺힌 피멍울을 바라보기만 할 뿐
삶을 넘어서 죽음을 말하지 않고 기다리는 그대
죽음을 넘어서 삶으로 돌아오는 길목에 선 그대

절벽 관람

오손이 넝쿨이 가을 햇살을 받습니다.
군데군데 풀들이 시들어 벌레 먹은 절벽

계절이 이른 높은 나무는 목이 부러져
머리를 벼랑 끝에 늘인 채 흔들리는데

야생화가 흰 꽃잎을 무더기로 피우며
지난여름의 폭풍우를 무색케 합니다

하늘 경계에 줄줄이 처형당한 목숨들이
능선의 어두운 몸을 반사하고 있을 때

절벽을 기어오르며 산포하는 납작한 약진
그 작은 손가락들의 온기에 입을 맞춥니다.

아직 지상에 남아 있는 초록색깔의 피부와
허공의 새털구름이 얼굴을 맞대고 있습니다

검은 역사 앞에서

언어가 공들여 길어 올린 우물의 깊이를 물을 때,
바람 부는 모래 언덕에 파놓은 우물이 있지만,
지성소로 들어가는 성막에 손 씻을 물이 없네
불붙은 혀가 지은 물의 몸은 모여 살지 않고
샘처럼 솟고 솟아,
냇물처럼 흐르고 흘러,
강처럼 낮은 곳에 이르고
마침내 겉옷을 훌훌 벗어놓는 바다에 도달해
노을의 눈빛에 취해 구름처럼 하늘로 돌아가는데
모래 언덕을 오래도록 떠돌아다닌 지친 욕망이
습한 거적을 둘러쓰고 하늘의 곁불을 쬐고 있네
아직 열매 맺지 못한 가지를 불태워 버리지 못하고
어둠의 한 모퉁이에 쪼그린 창백한 술객의 입술이
하늘 집을 찾아 길 떠나는 순례를 물을 수 없는데
계절이 늦은 뜰에 떨어진 잎사귀들이 수런거리며
거짓으로 덧칠한 갈피마다 생긴 말의 수렁이
목마름의 헛된 꿈을 껴안고 늪에 들어 누워있네

아침 이슬로 잠을 깨우는 사람은 곤고한 눈물로
어둠을 밟지만, 지상에 선악과를 다시 심지 않으니
뜬 눈으로 마른 떡을 빚는 불안한 손들에게 묻고
싶네 욕망이 부풀은 두꺼운 입술들에게 묻고 싶네
술 취함과 광기로 세상을 밟는 일이 과연 무엇인가
생명을 잃고 죽음에 이른 마비된 어둠의 시간아
네 저주의 질병에 사로잡힌 영혼의 결박을 풀어라
믿음 잃은 성급한 불길이 돌아갈 데 따로 있으리니
내 집에서 성큼 나와 네가 나온 곳에 칩잠하라

어머니의 겨울

어머니는 잠이 부족한 바쁜 일과 속에서도 꽃이나 금붕어와 개를 잘 기르셨다. 어머니 손이 닿은 것은 죽지 않고 잘 자랐다. 열아홉에 시집을 와 전쟁을 겪으면서 다섯 남매를 다 대학까지 졸업시켰다. 안산이나 소래에 사는 친정의 어려운 조카들은 대목 때마다 방앗간 일을 돌보며 자연스럽게 인천으로 나와 살게 되었다. 종종 집 앞을 지나가는 헐벗은 아이를 붙잡아 목욕탕으로 데리고 가 씻기고 아이스케키 통을 하나씩 메어주었다. 나는 숱한 형들과 누나들에 섞여 뒹굴며 지내면서 자랐다. 길 건너 목욕탕 이층 아뜨리에는 보통 예닐곱 명의 숙객이 머물렀고, 때만 놓치지 않으면 밥을 굶지 않았다.

사람과 사물의 선택은 어머니의 몫이 아니었다. 장사하는 집은 배고픈 형제들이 꾸역꾸역 모여들기 마련이다. 여럿이 먹어야 하기 때문에 반찬이 단무지와 김치나 간장 혹은 고추장뿐이었지만, 밥을 배불리 먹을 수 있으면 즐거웠다. 공장의 기계소리가 조용해지고 찬바람이 불기 시작하면 아이스케키 행상을 하던 형들이 철새처럼 떠나야 했다. 그 환절기가 나는 을씨년스럽고 너무 싫었다. 어머니는 양푼에 마지막 밥을 담으면서 큰 눈을 찔끔거리며 눈시울을 닦았다. 무말랭이를 썰어 문짝에 널어 햇빛에 말리면 고추잠자리가 눈 시리게 푸른 하늘을 수놓았다. 배고프고 쓸쓸한 겨울은 빨리 찾아오고 길었다. 어디에서든 추운 겨울을 견딘 형들은 이듬해 늦은 봄 핼쑥한 얼굴로 다시 나타나 페인트를 새로 칠한 통을 가냘픈 어깨에 짊어졌다. 페인트를 섞는 휘발유 냄새가 코끝을 찔러도 싫지 않았다.

행복 전도사의 죽음

얼마 전까지 TV 프로그램에 자주 나온 한 여성 작가가 노환으로 겪은 병고를 견딜 수 없어 남편과 동반 자살하였다. 고뇌를 고백하면서 그가 행복을 전도하던 세상에 널리 용서를 구하는 유서를 남겼다. Annie Johnson Flint(1866~1932)는 시 What God Hath Promised를 쓴 시인이다.

이 여성 시인은 여동생을 낳으면서 생모가 세상을 일찍 떠나 어려서 외국인에게 입양되었고 양부모도 고교 시절 모두 세상을 떠났다. 고아로 성장하면서 교사가 되었는데 젊은 나이에 두 손을 쓸 수 없을 만큼 심한 관절염을 앓기 시작한다. 그러나 그녀는 머리에 기계 장치를 하고 시를 썼다. 관절염이 악화되어 두 발마저 쓰지 못하는 온몸의 통증에 시달렸지만, 그녀는 그 통증을 오래 안고 살다가 66세에 세상을 떠났다.

천국에 이르지 못한 우리는 아직 푸른 하늘과 아름다운 꽃과 고통 없는 기쁨을 누리지 못한다. 허락받은 것은 오히려 이 땅에 사는 생활의 힘이다. 어둠 속에 살면서 빛을, 일로 수고한 후의 휴식을, 시련 속에서 은혜를, 위기와 환난 속에서 믿음을, 무한한 질고 속에서 그치지 않는 생명에 대한 사랑이다. 소외의 슬픔과 고통이 끊이지 않는 이 땅에 살면서 삶과 죽음, 기쁨과 고통의 경계에서 안락사를 선택한 작가의 죽음이 유다의 언덕을 오르고 있다.

가을비를 맞으며

풍성한 얼굴을 하던 구름이 쓸쓸히
어두워진 옷자락을 잽싸게 휘감아 쥐고
단숨에 저 언덕으로 사라질 때쯤
아직 세상에 남아있는 게으른 가을비가
가난한 동네를 머뭇거린다.

죽은 날알은 여름의 잦은 폭우 때문에
새들의 뼈 속에서 이미 오랜 잠을 설치고
젖은 얼굴들이 모여 앉아 수군거리며
집집마다 밥상에 묵은 김치가 사라지고
새롭게 올라온 열무도 풀이 죽었다

통배추가 아무렇게 널브러진 붉은 밭에
뭉그러진 잎사귀의 누런 얼굴과 검은
농부의 목소리가 허수아비처럼 흔들린다
밭떼기로 계약한 사람과 반 반 손해 보고
이 황폐한 애들을 넘길 수밖에 없다고

다시 가을비가 추적추적 내리고 있다
농부의 젖은 옷이 더 후줄근해지고
밭에서 뽑힌 배추들은 녹슨 트럭에 실려
온몸에 다시 비를 맞으며
물러진 이마를 마주보고 울고 있다

2부 사도행전

지성소

밖에서
너무 오래 머뭇거렸네
어서 들어오게나
신발 벗을 필요 없네
먼저 손을 씻고 들게
기다렸네
안으로 안쪽으로
어서 들게나

異邦의 겨울

그 골목길은
특히 바람이 사나웠다
벽들은 금빛으로 휘황했지만
그 유리 속에 갇혀 있는 사람들은
자유롭지 못했다
남의 살과 뼈를 대수롭지 않게 빼앗고
소리를 억압하는 자가 충혈된 눈빛을
휘둥거리고 있을 때
빼앗기고 짓밟힌 팔과 다리가
짙은 어둠 속에서
벌레처럼 꿈틀거릴 때
더 캄캄한 어둠으로, 당신은
또 하나의 길을 예비하셨으니
그 몸은 비록 고통스러운
통곡 속에 짓눌려 있고
관리인의 눈초리에 시달리며
어두운 방 한 귀퉁이를 차지하던

이제 그치지 않던 울음소리 하나가
겨울 안개처럼 골목을 휘감고 떠나네
동냥 떠나는 아이처럼 코를 훌쩍이며
아주 먼 땅으로, 작은 몸을 추스르네
칼바람도 다시 들리고 싶지 않은
그곳, 언 귀를 부비며
키 큰 겨울이 장승처럼 서 있네

귀향의 노래

알고 있느냐

남의 행실을 말하기 전에
먼저 네 어지러운 발굽을 굽어보라

먼 길 떠나는 나그네에게 한겨울
들판의 냉기는 끝없이 뻗어 있고

낯선 귀향길을 찾아가는 어둠 속에
차가운 손과 발등이 부어오르도록

바람의 갈퀴가 등줄기를 후벼 들고
들녘은 온통 쭉정이로 찌들어 있어

돌이킬 수 없는 시간의 오랜 방마다
찢어진 문풍지를 견딜 수 없네

작은 보따리 움켜쥔 시린 손이지만

헐벗은 형제들의 오한이 눈에 밟혀

불빛 흐린 객사에 신발을 벗어놓고
밟은 돌길을 결코 돌아갈 수 없네

허공으로 솟구치는 바람의 언덕마다
그대의 호명이 귀를 찢고 찢는데

늦은 귀로를 지켜보는 길 어귀에서
밤 새워 기다리는 아픈 무릎과 귀

송곳 같은 내 말과 발을 감당하며
거듭 피 흘리는 당신의 뼈와 살

단 하루의 짧은 해후를 위해
오랜 기다림으로 서 있는 당신의 눈물

어둡고 어두운 먼 귀로여

짜이즈 한인교회

폭설이 내린 아침
짜이즈 한인교회
그 언덕을 눈비 맞으며
홀로 걸어가는 예수
그리스도의 잔등이
또, 핏물로 젖는다.

베이스 없는 성가

우리 교수
네 사람은 베이스

오늘 폭설로
베이스 없는 성가

성가대 한쪽에서
빈 소리가 울린다

이름을 부르는데
학생들이 없다

주를 구하지 않은 날

주일 아침, 폭설을 핑계로
예배를 드리지 않았다

월요일 아침, 맨 정신으로
강의 시간을 놓치고

오후 강의 시간에는
교재를 잘못 가져갔다

빙판이 된 언덕길을
되돌아 바꾸어 갔지만

컴퓨터 고장으로
결국 수업도 놓쳤다

저녁을 주문했는데
엉뚱한 음식을 가져왔다

주를 구하지 않은 날

세상이 제 마음대로다

좁은 문

두란노에 촛불을 켜고
이제 돌아가야 하리
사람들을 잠시 물리고
하나님 아버지께 무릎 꿇어
오로지 예수의 이름을 높이고
스스로 지은 죄를 자복하고
푸른 불로 다스려야 하리
세상의 칠흑 어둠 앞에서
손수건과 앞치마 하나로도
병을 치유할 수 있어야 하리
사랑의 힘을 얻으려면
사람들 사이에서 나와 남달리
초라한 자신을 들여다보고
거듭 마음 모아 노래 부르며
그릇된 처지를 애통해야 하리
남을 탓하거나 비판하거나
충고하는 하루를 침묵하고

대신 그들을 향해 묵도 드리며
스스로의 그림자 끝에 서서
돌아보고 회개해야 하리
남모르게 자란 손톱을 통곡해야 하리
골고다 언덕에서 행한 일 보며
헛되이 모방하는 주술사 같은
거짓과 위선을 못내 벗어야 하리
아직 세상의 소유를 포기하지 않은 자
무당과 귀신의 책을 불태우지 않은 자
세상의 음란과 방종의 덫에 귀 앓는 자
어찌 경건하고 거룩한 방에 들 수 있으며
눈부신 성령의 세례를 받을 수 있으리
다시 두란노 서원에서 불을 켜고
이제 돌아가야 하리 몇몇이 모여서
푸른 생명의 말씀을 나누어 다스리며
바깥세상을 향한 사랑을 다져야 하리

첫사랑

너 지금 어디 있느냐?

가난할 때 가장 빛나던 눈썹아
가난할 때 가장 예쁘던 입술아
가난할 때 가장 뜨겁던 가슴아
가난할 때 가장 도탑던 손길아
가난할 때 가장 그립던 모습아

내 영혼의 끝의 끝이며
내 영혼의 처음 전율인

보이지 않는 얼굴아
보이지 않는 몸아
보이지 않는 입김아

너 지금 어디 있느냐?

피 값

예수가 피땀을 흘리며
기도한 것은

바울이 다시 예루살렘에
돌아간 것은

피 값을 스스로 감당하고
생명을 바치기 위함이다

지금까지 피 값 없이 살며
예수를 믿는다 했으니

애통한 내 피 값은 어디서
얼굴을 붉히며 울고 있을까

기쁨은

숨 쉬는 기도를 가로질러
옷깃을 스치는 모든 사람 앞에
드리는 중보기도
고개 숙인 바람이
잔잔한 운율로
훌훌 언덕을 넘고 있네.

길을 잃은 날

모래 언덕에서
돌아오고
다시, 갈릴리에서
돌아와서

오랫동안 지워진 얼굴들
엎드려 목을 축이며
더듬고 더듬어도 보이지 않는

풀과
나무와
별

달과
구름과
사람

내 안에 있는 길을 잃은 날
갈릴리에는 바람도 불지 않는다

재생의 기도

제 몸에 단비가
촉촉이 젖어듭니다.

어젯밤과
오늘 아침 또 솟는
죄의 열꽃

오직 회개의 솥으로
용서를 구할 때

온전한
숨을 돌려주시며

제 발을 다시 씻으시는
주여,
어디 계시나이까

다스려야 할 가슴

— 이사야 53장 5절

가슴이 너무 고통스러울 때,
아내가 일러준 요절

내가 아무렇지도 않게
허물을 내버려둘 때마다
당신이 다시 그 큰 가시에 찔리고

내가 아무 거리낌 없이
죄악을 범할 때마다
당신이 또 만신창이 되었으니

이 악한 영과 세상의 평화를
회복하기 위해서 당신의 육신을
하늘 아버지께 우리 대신

속죄 물로 바치고, 수도 없이
그 몸이 채찍을 맞음으로

이 몸이 나음을 입는다면

나는 당신에게 누구인가
오, 당신은 내게 누구신가

생수의 강

풀 없는 사막에서
나는 누굴 오래 기다렸나

물 없는 강에서
나는 무엇을 오래 긷고 있었나

목마른 물고기는
어두운 바닥에 제 이름을 쓰는데

멀리 떠난 양들이
집을 찾아 부지런히 돌아오는 소리

쉬지 않고 기도하는
혀들의 불, 굽이치는 강물소리

너는 누구냐?

세상 사람은 끊임없이
스스로 내가 누구냐고 묻는다

광야에 외치는 소리를 듣고
산상의 둥근 무지개를 보고

나는 그리스도가 아니다
나는 엘리야가 아니다

나는 선지자가 아니다
나는 정의의 사도가 아니다

나는 사회 혁명가가 아니다
나는 사물의 애호가가 아니다

다만, 저 언덕을 향해
구부러진 길을 곧게 하는

요한의 굳은 발처럼
빛이 쏟아지는 황홀과

영혼의 웃음을 보기 위해
그에게 영혼을 맡긴 몸이다

성령이 비둘기같이 하늘로서 내려와서
그의 위에 머물렀더라

그가 성령으로 세례를 주는
하나님의 아들이다(요한복음 1장 19—34절)

시몬과 게바

— 요한복음 1장 37절

무엇을 구하느냐?

와 보라

어디 계시오니까?

시몬아,

새 집을 지어라

어디로 가십니까?

절망과 갈등의 감옥에

왜요?

비둘기처럼 바꾸리라

예수가 빌립을 만날 때

하늘을 오르락내리락하는
첫사랑의 기쁨을 보려거든

믿지 않는 간악함아
내가 신발을 벗으랴

십자가를 다시 지고
해골산을 오르랴

주검의 동굴 문을 열고
다시 들어가랴

피 값을 땅에 쏟아버린
외로운 영혼아

어둠의 그물에 사로잡혀
자유롭지 못한 나의 팔꿈치야

유월절

— 예수의 맨발

신발을 벗으라
네.
씨앗을 태우라
네.
몸을 씻어라
네.
나를 먹어라
네.
촛대를 켜라
네.
나를 찢으라
네.
너를 죽이라
네.

침묵의 바다

물고기가 알을 낳을 때
아직 바다는 풍랑이 일지 않는다.

침묵하라

아침 해가 떠오를 때
아직 숲에는 바람이 일지 않는다.

침묵하라

내가 홀로 있는 나를 발견할 때
익지 않는 말이 깊은 잠을 누리느니

침묵하라

스스로 숨길을 트는 작은 새의
빛나는 날갯짓의 그 무게만큼

침묵하라

언제나 소리 없이 흐르는 피
그대 영원한 안식의 실핏줄이여

모세의 길

당신을 세상에 번역한
모세의 허물은 무엇인가

이미 당신과 힘을 겨룬 유대
이악스런 야곱이 떠나고

환도 뼈가 부러질 만큼
고통스러운 브니엘의 새벽

망각의 강은 흘러
애급을 떠나, 광야를 가로질러

가나안에 이른 이후에도
길마다 붉은 제물로 넘치고 넘쳐

금송아지를 등에 인 사람들
양식인 양, 금가루를 나누고

당신의 발걸음은 후미진 곳에서
피땀을 흘리며 서성이는데

내 굽은 길목마다 놓인 시계
여전히 절룩이는 더딘 발걸음

지금, 길눈조차 잃은 벼랑
내 바람의 나락은 어디쯤인가

목자를 위한 기도

처음, 그 회당에 들렀을 때
푸른빛들이 모여 들었다

눈부시게 흰 신부의 드레스
촉향이 은은히 감돌고

혼례를 집전하는 그의
낭랑한 음성이 울려 퍼졌다

지금, 오랜 투석과 푸석한 얼굴
세상을 부르짖는 마른 입술

내 하룻밤 고통은 결코,
그의 천년보다 깊지 않다

3부 위해일기

띠왕궁帝王宮

띠왕궁帝王宮에 가면 채소 값이 아주 싸다
띠왕궁帝王宮에 가면 고기 값이 너무 싸다
좌판을 벌인 가난한 상인들을 바라보면서
해항이는 눈살 찌푸린 채 값을 못 깎고
나는 깎지 못하는 젊은 중국인을 야단친다

* 위해에는 중국신화의 제왕을 모신 띠왕궁이 있다. 그런데 사회주의 체제 이후 그 띠왕궁은 찾는 사람이 없는 궁벽한 곳이 되었고 가난한 서민들이 즐겨 찾는 간이 시장이 들어섰다. 해항이는 현재(2005.4.10) 중국 산동대학 위해분교 외국인 교수 기숙사에서 같이 살고 있는 한국어학원의 중국 대학생이다. 그의 미래 꿈은 중국 한 성의 주석이다.

月波亭에서

— 李大根 선생을 위한 기도

세상에 팔불출이 아닌 사람 있으랴
민들레 홀씨처럼 유산으로 날아와
코를 훌쩍거리며 붉은 땅을 일구는
작은 체구에 까맣게 그을린 얼굴
그의 눈은 늘 푸른빛으로 타 오르네
밤마다 온몸으로 부서지는 달빛에
소리 없는 소리들이 잔물결 이루고
먼 어머니 땅에서 얻어온 여린 순들
안개 속에 올망졸망 움트는 아침에
지붕 허리 허물어진 빈 교실을 보며
아이들을 그려보는 목사, 교장선생은
팔불출, 그는 아무도 모르게 싱글벙글
가난한 골목을 돌아 들길을 누비는데
구기자 붉은 낟알 하늘을 꿈꾸고 있네

* 어제(2005년 4월20) 요산에 있는 이대근 선생 농장에 다녀왔다. 그는 샤츄下初 5만 평의 밭에 구기자 약초를 키우는 한국인이다. 중국 땅과 농민의 아픔을 사랑할 줄 아는 사람이다. 그의 꿈은 폐교가 된 학교를 다시 열고, 그 옆에 작은 교회를 세우는 일이었다. 이 시를 수정할 때는 이미 이대근 선생이 작고(2007년 겨울 간암으로 별세)했다. 고인의 명복을 빈다.

天街

빛으로 들어간 사람은
다시 돌아오지 않네
밤새도록 창을 두드리는 비
방울 흔적 없이 사라진 아침
낟알을 콕콕 쪼는 새
뒤돌아보지 않고,
하늘 어디쯤 떠나는 바람.

來今雨

— 금비

들어와
기다리세요

한 닷새?

아니, 지금
밖에 비 오시잖아요

* 중국 태안에 있는 태산의 꼭대기에는 이름 그대로 이색적인 天街가 있다. 그곳에는 아주 오래된 來今雨 라는 작은 飯店이 있는데, 來今雨 는 來金雨라고도 읽혀진다. 너무 오래 가난하게 산 이들에게 사람이 돈이고, 빛이라면 흉할 것이 없다.

孔林日記

일흔일곱의 공자
일흔일곱의 오랜 숲
門前에서 만난 공자의
예쁜 손자며느리들
먼 길 묻지 않는
나그네의 점을 치고
초하루와 보름에는
복까지 빌어 준다네

月下問答

오빠,
달은 가로등이야?

오빠, 아니야
달은 반딧불이 엉덩이야

청판츠蹭飯吃

北京은
밥을 문질러 먹고
밤차 타고 돌아오면 돼

왜요?

下初의 神仙이니까

* 중국 산동성 유산시 문등시 사이에 있는 샤츄에는 구기자 약초를 재배하는 한국인이 있다. 농장의 중국인들은 농업 기술과 솜씨가 뛰어난 그를 신선이라고 불렀다.

화산華山의 빛

아침 햇살이 유난히 고와
매일 새벽 산길에서 만나는 중국인

노란 들국화 몇 송이 핀 언덕
눈에 익은 미소와 풀꽃의 온기

중국 대륙의 동쪽 끝
한반도의 서해 가까운 맞은 편

햇빛은 바다와 땅과 사람을
구별하지 않고 고루 쏟아지는데

그 빛과
그 바람과
그 바다

해삼을 기르는 노주인

그가 일러준 산 넘어 지름길

일제 때 파놓았다는 방공호가
어둠으로 산을 꿰뚫었다

* 화산(華山) : 중국 산동성 연태시 필자가 초빙교수로 있던 노동(魯東)대학교 뒤에 있는 산의 이름.

투문장(두만강)

중국 산동성 연태시에서 마토우(선창) 쪽으로 가면 투문장이라는 조선족이 운영하는 숯불구이 집이 있다, 생고기를 네모반듯하게 각을 떠 구운 쇠고기 생 살점의 맛이 일품이다. 두 평 남짓 작은 집인데도 손님이 복닥거려 늘 기다려야 한다. 특히 뚝배기에 끓인 된장찌개는 주모의 서글하고 소박한 미소처럼 느끼하지 않은 구수한 맛을 풍긴다. 순례자처럼 대련을 통해 배를 타고 건너온 조선족 디아스포라들이 즐겨 찾는 작은 반점. 함박눈 내리는 한겨울이면 더욱 북적대는 산 혀와 죽은 혀들의 축제. 투문장은 한족과 조선족의 흩어진 꽃들이 정치혁명 때마다 경계를 넘나들며 살점이 찢기고 피로 물든 강이다. 산동성 한가운데 한어에 섞여 들리는 조선말, 코끝 시린 함경도 거센 사투리가 결코 시끄럽지 않다.

펑라이蓬萊의 여자

연태에서 풍광이 뚜렷한 펑라이. 청정한 바람이 깎아 놓은 기암절벽의 야트막한 산세, 황갈색의 은은한 빛깔과 아리따운 해안선의 잘록한 허리가 푸른 파도에 한데 어우러진다. 펑라이 앞 바다에는 최근 예언적 신기루가 자주 나타난다. 불로초를 구하러 보낸 사신이 서안으로 돌아가지 않고 바다를 건넜다는 전설과 대비되는 또 다른 욕망의 신화. 오래 살겠다는 황제의 욕망과 죽음을 피하려는 남자의 운명이 어긋나고, 아직 영생을 구하지 못한 두려움이 먼바다 파도소리에 애잔히 섞인다. 풍랑을 가볍게 딛고 서있는 하얀 옷의 작은 여신상, 성난 바다의 분노는 왜 여자가 다스리는 것인가. 오구대왕의 분노를 푼 바리데기 공주가 과연 이곳을 지나왔을까. 오래된 사원의 뒤뜰에 앉아 혼자 생각에 잠기는데, 문득 한 가닥 바람이 공중에 이파리 하나를 묘연히 띄운다.

말의 고삐

한국어에 7할의 중국어가 녹아들었다고 한다. 늙은 나이에 중국어를 배우다 보니 9할 이상 스며있음을 알게 된다. 漢子의 聲調와 弁音은 중국의 어린이가 매를 맞고 배워야 할 정도로 어렵다. 말은 먼 길을 바람처럼 달리니, 누가 정처 없이 달아나는 그 야생마의 고삐를 잡을 수 있을까? 훈민정음, 사람을 긍휼히 여긴 세종의 지혜와 도타운 마음이 오늘 새삼스럽다. 복잡한 위계를 과감히 떨쳐 버리고 간결한 소리를 만들어 백성을 살린 말들이 둥그런 하늘을 날고 있다.

중국인의 속마음

속마음을 쉽게 열지 않는다
염려하지 말라.

첩첩 산중을 지나는 바람
구절양장을 굽이도는 강물

마음은 목숨과 다르지 않으니
목숨을 다해 마음을 다스리려

평생 갈아 만든 둥근 옥구슬
그것을 몸에 지니고 산다

가을 바다

뜨거운 숨결이 잦아지고
차가운 몸으로 밀어 붙이는 파도

수평선을 숨겨 놓던 안개들
훌훌히 어디론가 사라지고

긴 해안선 끝까지 펼쳐진
하늘 풍경화 한 폭,

그대 불쑥 내밀은 머리를
먼발치에서 서성이는데,

빗기는 해의 홍조와
차가운 물빛

물밑으로 사라진 고기떼와,
이미 제 집에 돌아간 사람들

물 냄새에 섞여 남은 노래 몇 가락
빈 바닷가에 물새 몇 떠도네

수평선

오늘 아침, 또 다시 맨발로
가시 면류관을 쓰는 당신

그 동안 왜 잊었을까?

제 스스로 쫓기어
망망히 누워버린 바다

소리 잃은 새 한 마리
빈 하늘을 떠돌고

햇살 쨍쨍해진 모래 벌에
자꾸 머리 부딪는 잔물결

밀어내고 또 밀어내어도
더 선명히 흐르는 저 끝

끊임없는 포말에
깊이 저며 드는 망각이여!

아들의 눈물

아직 어린 나이에
대학입시를 준비하면서
세상이 힘겨운 아들이
눈물을 흘리고 있다는
아내의 전갈을 듣고
멀리 떨어져 있는 나는
하염없이 눈물이 흐르는데
하늘 아버지는
세상을 헤매는 나를 보고
어찌, 밤새도록
피눈물 흘리지 않으셨을까

威海日記

속에서 들끓던 물들이
어느 살 속으로
어느 뼈 속으로
스미어 들었나
지금 나는 너무 잔잔하지만
끝내 다스려지지 않는 고통의 바다
그 변경에서 새가 쓸쓸히 기웃거리고
안쓰러워 기꺼이 속을 내어주는
눈물이 잉태한 사물과 사물의 흔적들
아니, 저 무한천공에 떠 있는 별의
보이지 않는 숱한 살과 뼈들
가볍게 유영하며 안타깝게 사라지는 얼굴들
때로는 젖은 목소리로
때로는 높은 목소리로
때로는 구성지게
때로는 아주 여리게
어둠 속에서 작은 빛으로 한없이 흐르는
숨소리 미쁜 노래들 그 틈 사이를 헤집으며
모래알처럼 씻기는 아침이여

전신갑주

— 악한 날에 너희가 능히 대적하고 모든 일을 행한 후에 서기 위함이다(에베소서 6장 13절)

아버지
그 튼튼한 허리띠를 제게 주세요
의롭게 빛나는 흉배도 제게 주세요
화평으로 지은 그 신을 신겨 주세요
세상에 맞설 믿음의 방패를 제게 주세요
제 안에 있는 모든 악한 화전을 소멸하고

아버지
그 구원의 투구와 성령의 검을 꼭 찾겠어요
전심으로 기도와 간구를 하되
무시로 성령의 빛 안에서 묵상하겠어요
어둠 속에 깨어 있기를 항상 힘쓰며
헐벗고 아픈 이들을 위하여 기도하겠어요

아버지
또 저를 위해서도 제게 주신 말씀을
입을 크게 열어 찬송드리며

그 은혜의 비밀을 꼭 알리겠어요
그 일에 기꺼이 쇠사슬로 몸을 매겠어요
제가 받은 사랑의 증거 영원히 지울 수 없으니

아버지
오, 오로지 황홀한 생명의 빛이신 몸
이 기쁨 세상에 나누길 주저하지 않겠어요

하늘바다

오늘 밤에도 하늘 바다에
퍼붓는 비
그 사랑 넘쳐 흘러드는
아득한 천공 끝으로
굽이치는 푸른 포말과
안에서 안으로 쏟아지며
끊임없이 밀려오는 별빛
당신과 마주 서서
어둠을 씨름하는 파도여
외로움이 또 길을 묻고

잠이 오지 않아
외로움에게 길을 묻고

보이지 않는 외로움이
온 길을 묻고 되물어

젊어진 내 무게만큼
침묵 하나를 내려놓고

물 위를 성큼 건너간다
뒤돌아보지 않고 떠나는 바람

먼 그리움이 손짓하는
저 수면에 흐드러지는 안개꽃

리장麗江의 노래

옛 성은 하늘을 베개 삼고
만년설이 녹아 흐르는
麗江을 무릎 삼아
잃은 전설 낭랑히 읊으며
제 곡조를 이기지 못하네

해거름 골목의 어귀마다
삼삼오오 모여드는
소녀들의 애잔한 노래가
집집마다 높이 매어 달은
紅燈처럼 나부끼는데

집을 두고 떠나온 나그네들
낯선 발걸음이 고단한 듯
수양버들 휘늘어진 반점에서
눈 녹은 물에 취해 저절로
마당에 어우러진 강강술래

언젠가 우리 다시 태어나
빛나는 강물에 배를 띄워
고운 눈빛 다시 볼 수 있으리
저 설산에 두고 온
희디흰 살결 다시 볼 수 있으리

다리화大理花

다리화는 밤에 핀다
다리화는 밤에 웃는다
잎이 먼저 지고
어둠 속에서
소리 없이 웃는 얼굴
천공에 박힌 별들이
여전히 스치는데
달이 기우는 시간
푸른 산울림에
다리화가 느릿느릿
밤 기지개를 편다

4부 하이쿠 시편

1

휘파람 불면
출렁이는 은하수
오, 붉은 눈물

2

이름 부르자
침상에 쏟아지는
별빛의 향기

3

4

우슬초 잎새
강물을 건너면
화사한 얼굴

5

기쁜 순간은
어린 사슴 같으니
흔들지 말라

6

꽃향기 날 때
바위틈에서 나는
비둘기 울음

7

눈 내린 아침
창밖에 바람 불고
들끓는 사랑

8

아침에 핀 꽃
꽃잎마다 맺힌
한밤의 이슬

9

손을 씻고
성막에 들어가면
몸의 불기둥

10

그대 사랑은
힘을 돕는 건포도
시원한 사과

11

보혈을 지나
아버지 집으로
가슴 뜨겁네

12

가시 면류관
이마의 피땀에 핀
고통의 성화

13

겨울이 지나
마른 뿌리 적시는
비, 斑鳩 소리

14

얼굴이 검은
시골 처녀의 얼굴
봄의 흙냄새

15

포도주보다
향기로운 입맞춤
흙의 첫사랑

16

꽃이 피는데
포도원의 여우
입이 두렵다

17

피멍 든 겨울
유난히 달콤하네
올해의 포도

18

당신의 밤은
고통으로 배부른
돌베개의 잠

19

푸른 침상과
집은 백향목 들보
우뚝 선 사랑

20

오, 돌아왔네
너무 예쁘고 예쁜
비둘기 눈빛

21

어두운 방에
흘러넘치는 햇살
샤론의 향기

22

수선화 피고
백합화 핀 골짜기
순한 사랑아

5부 혼합영혼

혼합영혼

— 유진소 목사의 혼합영혼 설교를 듣고 내 유년이 나를 불러
세운다. 영혼아, 지금 어디 있느냐

집을 떠나 혼합영혼의 이름으로 불리어진 지 오랜
지금, 이 땅의 노래 부를 힘을 잃어가고 있지만,

눈이 부어오른 어머니의 결혼식 사진을 바라보며
생각 없이 지낸 유년의 창살 밖을 들여다본다.

염증이 가라앉지 않는 물, 어두운 골목 진창길에서
거듭 딱지를 떼어 피부의 통증을 키우는 아이들과

흐린 촉 등 아래 쪼그리고 앉아 고향초를 읊조리며
눅눅한 담배 연기를 뿜어내는 노란 집의 여자들

종일 등짐을 나르면서 느릿느릿 먼 순례를 뒤쫓는
가난한 피난민에게 은혜의 단비가 내리는 오후

시간을 잃은 노동이 교회 종탑 위에 집을 짓고
거꾸로 선 전후戰後의 일상이 빠르게 지나간다.

루오의 화집을 자주 보던 드강수페 아뜨리에는
둥그런 하늘이 형장의 잔상처럼 둥지를 틀고

이미 세상을 떠난 화실의 늙은 동무들이
여기저기 새털구름을 손에 들고 모여든다.

빗소리를 들으며 국수로 시장기를 면한 친구들이
웃는 낯으로 붕대 감은 고호의 귀를 키득거리는

늦은 가을 노란 방안이 사진처럼 선명하고
겨드랑이를 파고드는 찬바람도 싫지 않다.

소년감옥소를 들락거리던 전몰 유가족 순성이와,
미군 세탁부로 날품을 파는 장전네 아주머니

늘 허기진 고종 조카들의 얼굴과 핏기 없는 외사촌
형제의 얼굴이 땅에 벗어놓은 죽음의 자국이 선하다.

통풍

갑자기 발가락이 부었다
부은 발의 통증,

앙띠 오이디푸스?

아버지를 죽이고
어머니와 사는 것은

주어진 운명이 아니라
세상을 잘못 산 것이다

효소를 먹으면 가라앉는
통풍, 또 다른 나라의 경험

고통스러운 어머니를
위로하기 위해

전 오이디푸스!

통곡하는 아들과
더불어 살기 위해

비오이디푸스!

인천 국제공항

경기도 부천군 영종면 운서리 775번지. 어렸을 때부터, 자주 읊조리던 본적지 주소. 운남리 백운산 자락에는 한양의 기왓골에서 낙향하신 노할아버지가 늙은 인디안 추장처럼 서해의 바람과 구름을 여전히 호령하고, 다른 분들은 넙디 읍내를 넘어 운서리 바닷가 야트막한 언덕 소나무와 밤나무가 우거진 숲에 4대가 조개처럼 모여 살았다. 가을 바다에 쏟아지는 유난히 맑은 햇살이 어린 내 몸에 생기를 불어넣었다. 남들은 섬놈이라고 흉을 보아도 종갓집에 가는 추석날은 이상하게 어깨가 들썩거렸다. 선친은 다섯 째 아비이고 고모가 두 분 계셔서 나는 유년에 이미 어린 할아비가 되어 주렁주렁한 큰 손자들이 놀릴 때마다 머쓱했지만 기분이 그리 나쁘지 않았다. 강화가 멀지 않지만 비행기를 구경도 못한 할아버지와 할머니들은 오래된 뼈를 다시 추슬러서 다른 섬으로 이사를 하셨다. 햇살은 여전히 눈부시고 서해의 소금기 섞인 바람이 폐부 깊이 파고든다.

仁寺洞 유감

오랜만에 인사동에 나가보았는데 뒷맛이 개운치 않다. 산세 좋고 숲이 울창한 북한산 자락에 한강을 내려다보고 낙산과 인왕산을 어깨에 걸어 둥지를 튼 경복궁, 동쪽에는 나라의 안녕과 복을 비는 안국동과 소격동, 인사동. 서쪽에는 미래의 기를 가늠하는 청운동과 구기동, 평창동이 있다. 사물과 자연의 조화가 깨진 혼잡스러운 세상이 되었으니 이름이 아무렇게 된들 상관있으랴. 터키의 쫀득한 아이스크림에다가 수만 가닥의 실타래 사탕의 장사치가 판을 치는 인사동, 인사동은 한밤에도 잠들지 못한다. 기도가 끊이지 않던 골짜기, 입맛에 취한 길손이 홍성거린다. 지붕 낮은 골목마다 고즈넉한 북한산 솔바람이 내려와 함께 손잡고 놀던 곳, 마음을 지극히 풀어 하늘을 품던 지성소. 오랜 골목을 찾아와 서성이는 외국인의 발걸음이 더욱 안쓰럽다.

윤동주 白書

혼백은 뼈와 흙에 묻고,
영혼은 마음에 실려 있다

윤동주
그대 이름을 다시 부른다

민족 시인인가,
디아스포라인가,

별이 바람에 스치는 오늘 밤
손과 발이 시린 낯익은 눈빛들

그들의 피와 땀의 바람이 된
내 몸의 주인은

이미 먼 길 가는 낙타에게
고단한 발바닥을 내어주고

남극의 펭귄 무리 틈에 끼여
뚱뚱한 몸을 뒤뚱거리는데

간도의 후미진 공동묘지와
후꾸오까 창살의 어둠에

스스로 참회의 못을 박고.
살찌운 몸과 아픈 영혼 앞에서

하늘과 바람과 별과 시를
맑은 목소리로 읊조리는

그대의 순결한 꽃잎이
지상을 향해 가볍게 흩어진다.

샘물 곁에서

샘터에 쪼그리고 앉아
쉬지 않고 솟아나는 당신

웅덩이를 깊이 판 물이 마르고
한밤의 내 울음이 부끄러워

얼굴 흐린 짐의 기도는
상처를 쓰다듬고 핥는 물

당신의 이마에 맺힌 핏방울
손뼉 치며 춤추는 햇살의 축제

後悔와 悔改

나이가 들수록 기도가 약해지고 죄의 잎만 무성하다. 죄를 끊어버리지 못하는 나의 결단 없음이여. 후회는 죄에게 당하고 회개는 죄를 이기고 하나님께 돌아서는 믿음인데 죄와 후회를 일삼는 내 죽음의 암세포는 오늘 밤 어떻게 불태워 버릴까?

淸溪山 기도원

아내를 따라 청계산 기도원에 갔다. 기도하는 사람들은 모두 가난하다. 먼발치에서 지팡이를 짚은 어머니가 홀로 올라오고 있다. 무릎 관절로 고생하던 어머니가 한여름 더위를 무릅쓰고 이 험한 산기슭을 올라오고 있다. 흐린 눈을 부비고 다시 확인해 볼 필요 없이 숨이 가쁜 어머니는 생수 한 병을 들고 있다. 기도 바위 위에서 물을 한 모금 나누어 먹고 아내는 기도를 시작하고 나는 다시 산을 오른다. 여기저기 잎이 무성하고 하늘을 향해 부르짖는 기도소리가 우거진 숲을 가로지른다. 산꼭대기에 써놓은 무덤 위로 하늘이 닿아 있다. 누구일까 이곳까지 올라와 유택을 마련한 마음이 갸륵하다. 내려오다가 길을 잃어 원터 골에서 아내를 만났다. 아내는 혼자서 사철 내내 이 청계산 기도원을 찾고, 나는 울창한 숲길을 잃고 방황한다.

황제펭귄

황제펭귄들은 1년에 알 하나를 낳아 키운다. 암컷이 낳은 알을 넘겨받은 수컷은 남극의 얼음에 얼어 죽지 않기 위해 알을 발 위로 조심스럽게 받아서 자신의 뱃가죽으로 덮어 부화시킨다. 알에서 깨어 나온 새끼는 아빠 펭귄의 발 위에서 한시도 내려놓지 않고 품어 키운다. 엄마 펭귄이 먹이를 구해 올 때까지 아빠 펭귄은 먹이를 조금씩 뱉어내어 새끼의 목숨을 이어간다. 아버지 없이 어머니의 등에 업혀 피난살이를 하던 유년, '일사후퇴'의 겨울은 몹시 추웠다. 동상에 걸려 새끼발가락이 빨갛게 붓고, 굶주린 배가 더욱 쓰렸다. 포탄이 퍼붓는 악몽에서 살아남은 갓난아이와 가난한 어머니의 눈빛은 자주 흐렸다. 아이를 들쳐 업고 어머니는 쪽진 머리 위에 늘 큰 함지박을 이고 허리가 휠 정도로 장터를 누비고 다녔다. 늦은 밤 땀 냄새로 얼룩진 서울역 하행선 3등 대합실은 숨을 쉬기조차 버거웠다. 황해의 시린 칼바람을 맞으며 생선 비린내가 코를 찌르는 어두운 화물칸 한구석에 서서 어머니는 나를 가슴에 찰싹 품고 추운 겨울을 버텼다.

동북공정과 사무라이

아시아 문화 연구 포럼장에서 만난 아시아 동북 세 나라는 아직 말이 잘 통하지 않는다. 한국 학자는 중국의 동북공정을 시비하고, 일본 학자는 사무라이의 근대정신을 자위한다. 티베트 국경에 내외국인 출입 금지령을 내린, 중국 사회주의 학자의 얼굴도 곤혹스럽다. 유럽의 백인 패거리들이 새겨놓은 파시즘의 문신을 이 땅에서 언제 지울 것인가.

하나님의 누룩

유태인들은 유월절에 누룩이 없는 무교병을 먹는다. 다섯 개의 떡으로 사천 명을 먹인 예수는 분명히 유태인의 혈통을 타고 났지만, 바리새인과 사두개인의 누룩을 질타했다. 쓴 말만 부풀리는 사람의 가증스러움을 견디기 힘들었을 것이다. 우리가 마신 물은 하나님이 만드신 물과 다르다. 혼인잔치에서 물동이의 물로 포도주를 만든 최초의 기적은 기적이 아니다. 하나님에게는 늘 있는 평범한 일이다. 포도주는 술에 취해 마비되는 물이 아니라, 생명의 기쁨과 즐거움을 나누어 마시는 성령에 취한 물이다.

구분된 마음

세상과 구분해서 살라. 분별 있는 자가 되라. 나이가 들수록 점점 남의 아픔과 슬픔을 배려하지 못하고 더욱 무딘 마음이 내 중심이 되어간다. 이 세상이 모두 내 것이니까 걱정하지 말라고 스스로 속삭이며 타이른다. 지은 죄 값에 대해 늙음을 대속으로 삼고 부끄러워하지 않는다. 어릴 때부터 배운 긍휼과 자비, 동정심은 서랍 속에 먼지를 뒤집어쓰고 잠든 지 오래다. 붉은 얼굴이 무덤에서 자주 걸어 나와 악수를 청한다.

나는 살고 싶다

— 김 선일 씨의 죽음

빈손을 허우적거리며
애끓는 오열과 절규

"나는 살고 싶다"

흑백 사진 속에서
내다보는 세상이 더 어둡고

밝힌 촛불들이 소리 없이
흔들리며 떠나는 저녁

꼬리를 입에 문 세상의
풍경이 끊어진 그 자리에

생명의 물음표들이 저마다
고개를 꺾고 눕는다

萬波息笛

— 인사동 갤러리에서

하늘 피리 불던 손에
휘둘리는 시퍼런 칼날

고개 돌린 등 뒤로
일파만파 피바람 일고

서너 푼에 팔린 광대의
발바닥 쉴 날 언젠가

인사동 길에, 검은 비
밤늦도록 추적이는데

노예의 여름

— 솔트레이크의 기억

손과 발이 닿는 것마다
모래로 부서지는 곳

소금기 허옇게 절은
등줄기에 후둑이는 빛

하늘은 자꾸 소리를 덮고
빨갛게 타들어가는 혀

여름을 우는 풀벌레들
목청껏 바람을 부른다

콩나물

물을 붓고
다시 기다린다

밤새 물이 내리고
살이 도톰하다

검은 시루에 내린
빛의 줄기들아

머리에 인 하늘의
아주 작은 그늘아

가버나움의 예수

— 요한복음 6장 16절

당신은 언제 오셨습니까?
호수의 바람을 기다리네

오늘 저녁에 오시겠습니까?
나를 언제 초대했나

나는 충분히 배부릅니다
썩은 고기가 그리 좋더냐

이 노래와 춤은 어떻습니까?
네 몸에 들어간 적이 없다

산상수훈

— 마태복음 7장

사람으로 사람과 살면서
앞만 보고 가다가 남에게 입힌
고통의 상처가 어찌 한두 번이랴
옆과 뒤를 살피지 못해서
등 뒤에 박힌 허물 셀 수 없는데
지금 누군가 어둠 속에서 떨며
나로 인해 울음을 그치지 않는다

내게 오직 길이 있다면
스스로 밟고 지나온 그림자를
곰곰이 돌이켜 피 묻은 그대 이름
하나하나 새겨 넣어야 하리
외식하는 자가 지은 고통의 죄와
나눌 수 없는 욕심이 잉태한 판단을
수없이 용서 구하며 돌아가야 하리

늙은 나이에

아직
달고
시고
새콤한 맛이 좋다

떠나야 할 길은 바쁘고 먼데

서늘한 당신의 눈길이
저 산 마루 어디쯤에서

이 부끄러운 식욕을
쓸쓸히 기다리고 있다

메를로 퐁티에게

— 영성 회복을 위한 서시

그렇다네
사람이 없는
먼 길을 너무 돌아와

사실 나는 조금 피곤하네
소문들의 성곽에 앉은 새
피 묻은 날갯짓

아주 가볍게 떠나는
새털구름과 하늘을 향해
유유히 횡단하는 자유의 유영

종교는 다만 하나의 기호일 뿐
언제나 한 분은 위에서
언제나 한 분은 아래서

속해 있으면서

사랑을 나누는 손가락
그 전율의 순간들

오래지 않아 영원 속으로
잦아들기 전
눈부신 날갯짓 세상에 넘치네

어둠 속에서
빛과 사랑을 밟으면서
너무 멀리 떠나 왔네

묵도의 가을

2006년 가을은 비가 내리지 않았다
낙엽의 빛깔이 칙칙한 지면에
북한 핵실험 소식이 노랗게 덮였다

낡아빠진 주름살의 쟁투
식탁을 어지럽힌 채, 늦은 잠자리에
파고드는 차가운 냉기와 뒤척이는 잠

날지 않는 새들은 어느 나뭇가지에서
붉은 발가락으로 밤을 깜박이고 있을까
두런두런 소리만 무성한 숲

반성 없이 성큼 다가온 늙은 가을
모래를 엄습하는 바다의 너울과
침을 세운 모기들이 윙윙거리며

빼앗긴 새날을 덧칠하고 있느니

또아리를 튼 묵은 시간이 여전히
거친 숨을 몰아쉬고 재촉하는데

안으로 불을 지펴 어둠을 씻어내는
당신, 그 살과 피를 바꾼 목숨

개화

피라미 떼를 지어
숨어든 그 풀잎 사이

이따금 바람 불면
옷깃을 푸는 하늘

후둑이는 빗줄기
수없이 피어나는 꽃

천안함의 비밀

물길이 하늘로 치솟고 거대한 배가 순식간에 침몰했다. 존귀한 생명들이 가족에게 휴대폰 메시지만 남겨놓았다. 2010년의 서해바다는 여전히 침묵의 물길이 출렁인다, 심청이가 몸을 던져 새로운 눈을 뜨는 곳. 경계선을 이동 중인 초계정의 육중하고 묵직한 절단된 몸이 깊은 바다에서 끌어올려진다. 눈이 보이지 않아 허리가 찢겨 동강이 난 몸이 인양될 때, 서해바다에는 눈 시린 햇살이 쏟아지고 있었다. 어디선가 '태양은 가득히' 오래된 영화 주제가가 조곡처럼 들려오고, 수의를 입은 유족들도 마른 눈물로 장례를 치르며 말을 잇지 못한다. 낡아빠진 증오와 거짓된 철삭으로 그어진 분단의 애통 속에 안장되는 푸른 영혼들. 하늘나라에서 편안한 잠을 이루어야 할 천안함의 목숨들. 패역한 시대의 바다 위에서 훌쩍 이승을 떠난 그들의 몸이 풀어 놓은 슬픔을 가늠할 수 없다.

해설 1 | 유성호

신성을 탐색하는 고백과 구원의 언어

해설 2 | 금동철

믿음으로 부르는 생명의 노래

■ 해설 1

신성을 탐색하는 고백과 구원의 언어

유성호
(문학평론가, 한양대 교수)

1. '신앙적 자아'에 의한 일관된 발화

이영섭李榮燮 시인의 두 번째 시집 『겨울나기』(모아드림, 2010)는, 그가 오랫동안 영혼 속에 갈무리해온 '신앙적 자아'에 의한 고백과 구원의 언어를 담고 있다. 대개의 시편들이 신앙시로서의 외관을 취하고 있고, 그 사이사이에 인생론적인 서정적 경험들이 차분하게 배치되어 있어서, 이번 시집은 '신앙적 자아'에 의한 일관된 발화라고 명명해도 손색이 없을 듯하다. 일찍이 "가난한 나그네를 만나도/형제처럼 따듯이 대해/첫 열매를 간직해야 하리"(「自序」이자 「겨울나기 — 고린도전서 16장」)라고 고백한 바 있는 시인은, 이처럼 '신앙'과 '사랑'이 한 몸으로 따듯하게 결속하여 완성되는 구원의 순간을 열망하고 있다. 그리고 그러한 지경을 남다른 신성神聖 탐색의 과정에서 찾으면서, '고백의 언어'를 차츰 '구원의 언어'로 바꾸어가고 있다.

첫 시집 『새우의 겨울』(2004) 이후 6년 만에 펴내는 『겨울나기』는, 그렇듯 한 신실한 '신앙적 자아'가 쌓아올린 고백과 구원의 언어로 충만하다. 그 안에서 시인은 자신의 실존적 삶을 한없이 부끄러워하면서 그와 동시에 치열하고 견고한 반성적 자기 성찰을 해나간다. 그리고 '시詩'를 통해 신성神聖을 탐색하고 그 세계에 가 닿고자 하는 강렬한 희원을 지속적으로 보여준다. 이 글은 이러한 이영섭 시인의 신앙적 표지標識와 존재론적 성찰의 면모, 그리고 타자들을 향해 아득히 펴져가는 사랑의 시학을 두루 검토하면서, 이순耳順을 넘긴 한 서정시인의 신성 탐색과 자기 구원의 언어를 살펴보려고 한다.

2. 궁극적 관심의 시적 표현

원래 '시詩'는, 시인이 자신의 존재 형식에 대하여 스스로 묻는 데서 발원하는 실존적 사건이다. 그 가운데 신神을 탐구하는 차원으로 시가 움직일 경우, 그것은 이른바 '궁극적 관심(ultimate concern)'의 토로와 형상화에 귀착되게 마련이다. 물론 그러한 '궁극적 실재'에 대한 깊은 관심은 여지없이 자기 회귀의 시선으로 돌아온다. 신앙적 표지를 거느리고 있다 하더라도, 그것은 '서정'의 원리에 의해, 자기 성찰의 언어로 재귀再歸하게 되는 것이다. 이러한 종교적 시편들은 신의 '침묵'을 탐색한다. 신은 역사 안에서 물질적으로 현시顯示하지 않고 오로지 '침묵'을 통해서만 현전하기 때문이다. 이때 우리는 종교적 시편들이 '궁극적 실재'에 대한 근원적인 탐색과 함께, 그분의 '침묵의 소리(sound of silence)'에 대한 탐색을 동시에 수행하는 장르임을 실감하게 된다.

아닌 게 아니라 이영섭 시인은 시집의 첫 시편 「유월절 예배 — 아벨의 제사」에서 "하나님은 사랑으로 우리의 살과 뼈를/이 세상에 흩뿌리신 분"이시기 때문에 그분을 "기억하지 못하는 모든 삶은/한낱 흙과 먼지로 흩어지는 것"이라는 신앙고백과 함께, "날마다 스스로 죽음으로 깨어 의를 행하고/부끄러움으로 죄를 거듭 짓지" 않으리라는 자기 탐색의 언어를 동시에 결속하고 있다. 이러한 고백과 자성自省의 태도가 이번 시집을 견고하고 풍부하게 만드는 근원적 힘이 되고 있는 것이다. 다음 시편을 읽어 보자.

죽음아 네가 과연 이겼느냐
죽음아 네가 노린 것이 어디 있느냐

네가 쏜 것은 다만 죄요
그 죄의 권능은 율법일 뿐

죽음의 낡아빠진 위세를 딛고
우리가 반드시 승리를 얻으리니

감사하는 입술과 믿음의 무릎으로
영원한 생명의 주를 노래하리

—「부활의 몸 — 고린도전서 15장 다시 읽기」 중에서

흔히 '부활의 장章'으로 해석되고 있는 고린도전서 15장에 대한 시인 나름의 인유引喩와 재해석이 이 시편에서

이루어진다. 시의 화자는 '죽음'을 이기신 '영원한 생명의 주'를 고백한 바울(Paul)의 언어를 이어받아 자신의 고백을 이어간다. 그것은 바로 '죽음'이 쏜 것이 '죄罪'와 '율법'일 뿐, '죽음'은 생명을 겨누지 못하고 낡아 사라져버렸다는 선언으로 이어진다. '죽음'에 대한 궁극적 승리로 얻은 '부활의 몸'에 대해 비로소 감사와 믿음을 표하고 있는 전형적인 신앙 시편이다.

물론 이러한 인유는 그저 단순한 성경적 인용에 그치는 것이 아니라, 그것을 자신의 신앙적 경험에 따라 새로운 '종교적 상상력'으로 바꾸어 표현하는 데 남다른 특장을 가지고 있다. 그 대표적 사례로 우리는 구약에서 인유하여 재해석한 "의인의 길은 인정하나 악인의 길은 망하리라//부끄러운 내가 어찌 아버지의 문을 두드릴까//다만 이 칠흑 어둠에서 멀리 벗어날 때까지//형제의 순한 웃음과 눈빛을 간직하고 살아가리"(「回心을 위한 노래 ― 시편 1편」)라는 표현이나 "스스로 지은 흙터의 결박을 풀어 그 분을//경외함으로 섬기고 떨며 즐거워하라"(「아버지의 숨바꼭질 ― 시편 2편」) 같은 표현을 기억할 수 있다. 신성을 찬미하는 구약 시편의 창의적 인유라고 할 수 있겠다. 다음 작품 역시 구약 시편을 불러들여 시의 육체로 삼고 있는 경우이다.

적들아

내가 아버지께 이렇게 부르짖어

그 거룩한 산이 쩌렁쩌렁 울리고

아침이 어두운 잠에 깨어난 것은

아버지가 나를 일으키시기 때문이다

너희가 모두 나를 둘러치려 하여도

나는 더 이상 세상이 두렵지 않다

—「적에게 — 시편 3편」 중에서

이미 앞에서 '죽음'을 적敵으로 설정하여 승리의 송가를 부른 바 있는 시인은, 이 시편에서 '적들'을 다시 한 번 끌어들여 노래한다. 여기 나타나는 '적들'을 화자는 전혀 두려워하지 않게 되었는데, 그것은 아버지께 부르짖는 소리가 거룩한 산을 울리고 아버지가 어두운 잠에서 화자를 깨어나게 하시기 때문이다. 그럼으로써 '적들'이

둘러치려 하여도 더 이상 두려움이 존재하지 않는 것이다.

여기 나타난 '적들'이란 "생명을 잃고 죽음에 이른 마비된 어둠의 시간"(「검은 역사 앞에서」) 자체이기도 할 것이다. 이러한 '죽음'을 이기는 믿음으로 시인은 "십자가의 고난이 우리에게 넘친 것 같이/우리가 스스로 위로에 참예하는 빛"(「모두가 위로받는 날」)임을 지속적으로 노래한다. '침묵의 말씀'으로 소통하시는 신에 대한 적극적 고백과 함께, 그 소통을 통해 자기 구원에 이르는 과정을 선연하게 보여주는 시편이다.

어디쯤에서 늘 그대가 기다리고 있음을
그곳을 향해 내 몸이 비스듬히 기움을
아침 이슬이 세상으로 건너올 때처럼
그대, 햇빛 짱짱한 바닷가의 더운 입김으로
그대, 달빛 고요한 강가의 서늘한 눈빛으로
언제나 내 깊은 곳으로 다가오고 있음을
언제나 내 발밑에서 허리를 굽히고 있음을
내가 그대를 밟을 때마다 고통스럽게
내가 그대를 건널 때마다 숱한 슬픔으로
목이 쉬어 말을 이을 수 없도록 힘겨운 밤을

자주 쏟아지는 소나기로 가눌 수 없는 몸을
그대의 온몸을 바쳐 나를 이처럼 사랑하므로
세상을 걷는 절름발이와 흉터로 얽은 내 얼굴
애통할 때마다 오히려 감싸 안아 위로하던 음성을
그대 찔린 몸에 맺힌 피멍울을 바라보기만 할 뿐
삶을 넘어서 죽음을 말하지 않고 기다리는 그대
죽음을 넘어서 삶으로 돌아오는 길목에 선 그대

—「踏橋」 전문

'다리밟기' 를 함의하는 '踏橋' 란, 정월 대보름날 밤에 재액을 물리친다 하여 다리를 밟는 고유의 풍속을 말한다. 이날 다리를 밟으면 1년간 다릿병을 앓지 않고, 열두 다리를 건너면 일 년 열두 달 동안의 액을 면한다고 한다. '다리[橋]' 와 '다리[脚]' 라는 같은 음에서 유추한 풍속이라 할 것이다. 시인 역시 그러한 동음이의어의 유추를 통해 시를 쓰고 있다.

이 시편 안에는 오랫동안 기다리고 있는 '그대' 가 있다. 바로 그 '그대' 가 있는 곳을 향해 나의 몸은 비스듬히 기울어간다. 순간 '그대' 는 아침 이슬처럼, 햇빛 짱짱한 바닷가의 더운 입김처럼, 달빛 고요한 강가의 서늘함처럼 "내 깊은 곳" 으로 다가온다. 이렇게 부재不在와 편재遍

在를 동시에 거느린 '그대'는 언제나 내 발밑에서 허리를 굽히고 내가 '그대'를 밟고 건널 때마다 고통과 슬픔으로 힘겨움으로 나를 사랑하는 존재이다. 화자는 그러한 '그대'의 위로하던 음성과 찔린 몸에 맺힌 피멍울을 듣고 바라보면서 '踏橋'를 완성한다. 이때 삶을 넘어 죽음을 말하지 않으면서 기다리는 '그대'야말로 신성의 다른 이름일 것이다. 궁극적으로 이영섭 시인이 만난 신성은, 초월적이면서 내재적이고, 부재하면서 편재하고, 말씀하시면서도 침묵으로 존재하는 신성인 것이다.

3. 기다림과 치유의 언어

신의 임재를 통해 고통스런 현실을 극복하려는 지향을 일러 '메시아니즘'이라 부른다. 그것은 상실된 '에덴(Eden)'의 회복에 대한 열망의 다른 이름이기도 하다. 그 핵심은 물론 오랜 '기다림'에 있다. 다만 그 '기다림'은 수동적인 것이 아니라, 비록 때(카이로스)의 주권은 신께 있다 하더라도 그것의 구현에 인간의 노력이 필요하다고 보는 능동적 성격을 띤다. 이처럼 세속 문화를 신의 방법으로 기다리고 실천하는 이에게 '메시아니즘'의 에너지는 매우 중요하다. 시집 2부의 '사도행전' 연작은, 이러한 기다림과 회복 의지 그리고 궁극의 메시아니즘을 노래하고 있다.

밖에서

너무 오래 머뭇거렸네

어서 들어오게나

신발 벗을 필요 없네

먼저 손을 씻고 들게

기다렸네

안으로 안쪽으로

어서 들게나

—「지성소」 전문

'지성소至聖所' 란 구약 시대에 성전 또는 막 안의, 하나님이 있는 가장 거룩한 곳을 말한다. 성소 안쪽에 있어 대제사장만 해마다 한 번 들어갈 수 있었다. 그런데 신의 음성이 화자를 지성소의 안쪽으로 이끌어 들이고 있다. '지성소' 밖에서 오랫동안 머뭇거렸던 화자더러 어서 들어오라고, 신발 벗지 말라고, 먼저 손을 씻으라고, 초청의 말씀을 허락하시는 것이다. 그 안에는 신의 오랜 '기다림' 이 녹아 있다. 인간의 기다림을 신의 기다림으로 변용한 이 시편은, 초월과 내재의 신성을 다시 한 번 우리에게 유감없이 보여준다. 일찍이 "더 캄캄한 어둠으로, 당신은/또 하나의 길을 예비"(「異邦의 겨울」)하셨다고 고백한 시인이 이번 시집을 통해 "내 영혼의 끝의 끝이며/내 영혼의 처음 전율인"(「첫사랑」) 첫사랑으로 다가오신 그분을 이토록 밀도 있게 기억하고 있는 것이다. 이를 두고 '내재적 메시아니즘' 이라고 비유적으로 불러도 좋을 것이다. 그래서 시인은 자신은 "남을 탓하거나 비판하거나/충고하는 하루를 침묵하고/대신 그들을 향해 묵도 드리며/스스로의 그림자 끝에 서서/돌아보고 회개"(「좁은 문」)할 것을 다짐하고 있는 것이다. '신앙' 과 '사랑' 이 흔연히 결속하는 순간이다.

가슴이 너무 고통스러울 때,
아내가 일러준 요절

내가 아무렇지도 않게
허물을 내버려둘 때마다
당신이 다시 그 큰 가시에 찔리고

내가 아무 거리낌 없이
죄악을 범할 때마다
당신이 또 만신창이 되었으니

이 악한 영과 세상의 평화를
회복하기 위해서 당신의 육신을
하늘 아버지께 우리 대신

속죄 물로 바치고, 수도 없이
그 몸이 채찍을 맞음으로
이 몸이 나음을 입는다면

나는 당신에게 누구인가
오, 당신은 내게 누구신가

—「다스려야 할 가슴 — 이사야 53장 5절」 전문

예수의 수난을 예언한 구약 구절을 불러들인 이 시편은, '고통'으로 '허물'과 '죄악'을 이기고 '세상의 평화'를 회복하기 위해 돌아가신 그분의 육신을 떠올리고 있다. 예수의 속죄贖罪의 사건을 구체적으로 육화하면서, 치유에 대한 신앙고백과 함께, "나는 당신에게 누구인가" 그리고 "당신은 내게 누구신가" 하면서 신과 자신의 올바른 관계를 심층적으로 묻고 있다.

기독교에서 '역사歷史'를 바라보는 관점은 그것이 신의 일관된 섭리의 결과라고 하는 해석에 근본적 토대를 둔다. 신은 자신의 뜻을 '역사'라는 현장에서 드러내고, 인간 또한 자신들의 삶 속에서 그분의 뜻을 깨우치게 된다. 이러한 상호작용은 '창조주'와 '백성'이라는 은유적 관계를 통해 세상과의 선한 싸움에 가속도를 붙인다. 그만큼 인간의 역사는 신의 철저한 주관에 의하여 이루어진다는 것이 기독교의 사유 양식이다. 이영섭 시인은 역사를 움직이는 신의 섭리와, 자신의 초라한 존재를 대비적으로 묘사하면서, 선한 싸움을 통해, 그리고 오랜 기다림으로, 세상의 고통을 치유하고자 하는 의지를 아름답게 보여준다. 그의 신앙 시편들이 단순한 찬미가나 고백록이 아니라, 신성 탐색과 자기 구원의 에너지를 결속하여 '기다림'과 '치유'의 열망을 담은 언어적 실체임을 알려주는 중요한 사례일 것이다.

4. 타자들을 향한 사랑의 시학

시집 제3부 '위해일기'에는, 시인이 한동안 머물렀던 "중국 대륙의 동쪽 끝/한반도의 서해 가까운 맞은 편"(「화산華山의 빛」)에 있는 위해威海에서의 시적 기록이 담겨 있다. 거기에는 "좌판을 벌인 가난한 상인들을 바라보면서"(「띠왕궁帝王宮」) 경험한 정서라든지, 마치 그 옛날 최치원이 당나라에 가서 쓴 「추야우중秋夜雨中」에서처럼 "밤새도록 창을 두드리는 비/방울 흔적 없이 사라진 아침/난알을 콕콕 쪼는 새/뒤 돌아보지 않고,/하늘 어디쯤 떠나는 바람."(「天街」) 같은 객창감도 충일하게 녹아들어 있다. 가령 다음 시편을 보자.

속에서 들끓던 물들이
어느 살 속으로
어느 뼈 속으로

스미어 들었나
지금 나는 너무 잔잔하지만
끝내 다스려지지 않는 고통의 바다
그 변경에서 새가 쓸쓸히 기웃거리고
안쓰러워 기꺼이 속을 내어주는
눈물이 잉태한 사물과 사물의 흔적들
아니, 저 무한천공에 떠 있는 별의
보이지 않는 숱한 살과 뼈들
가볍게 유영하며 안타깝게 사라지는 얼굴들
때로는 젖은 목소리로
때로는 높은 목소리로
때로는 구성지게
때로는 아주 여리게
어둠 속에서 작은 빛으로 한없이 흐르는
숨소리 미쁜 노래들 그 틈 사이를 헤집으며
모래알처럼 씻기는 아침이여

—「威海日記」 전문

중국의 이역異域에서 맞닥뜨리는 자기 자신과의 새삼스런 조우는, 서정시의 오랜 기능 중 하나인 '자기 성찰'의 시간을 가져다준다. 이때 시적 자아는 순간적으로 타자화되었다가 서서히 본래적 자아로 회귀한다. 고국을 떠난 변경에서 화자는 속에 들끓던 물들이 살 속으로 뼈 속으로 스며들어 이제는 잔잔하게 되었지만 "끝내 다스려지지 않는 고통의 바다"가 남아 있음을 고백한다. 그 '고통의 바다'에서 발견하는 숱한 '눈물'과 '살과 뼈들' 그리고 '사라지는 얼굴들'을 두고, 화자는 여러 목소리로 다가오는 "어둠 속에서 작은 빛으로 한없이 흐르는/숨소리"를 듣는다. 어둠 속에서 빛나는 아침이 오듯이, 고통과 눈물을 넘어 사랑의 파문을 그려가는 이영섭 특유의 사랑의 마음이 진하게 퍼져나온다. 그 '눈물'과 '살'과 '뼈'와 '얼굴'을 가진 타자들 가운데 가장 구체적이고 근원적인 곳에 시인의 '가족'이 있다.

아직 어린 나이에
대학입시를 준비하면서
세상이 힘겨운 아들이
눈물을 흘리고 있다는
아내의 전갈을 듣고
멀리 떨어져 있는 나는
하염없이 눈물이 흐르는데
하늘 아버지는

세상을 헤매는 나를 보고
어찌, 밤새도록
피눈물 흘리지 않으셨을까

―「아들의 눈물」 전문

여기에도 '눈물' 이 있다. 시집 곳곳에는 마치 눈물의 선지자 예레미야(Jeremiah)처럼 자신과 가족과 공동체와 삶에 대한 시인의 가없는 슬픔과 사랑이 '눈물' 로 돋아나고 있다. 고국에서 대학입시에 힘들어 '눈물' 을 흘리는 아들의 소식을 듣고, "멀리 떨어져 있는" 시인도 하염없이 '눈물' 을 흘린다. 순간 시인의 시선은 '하늘 아버지' 를 향하고, 그분도 얼마나 "세상을 헤매는 나를 보고" 밤새도록 '피눈물' 을 흘리셨을까 하는 상상으로 이어진다. 세속의 부자간의 정리情理가 신앙적 '아버지―아들' 의 관계로 치환되는 장면이다.

그 밖에도 이영섭 시의 가편佳篇 가운데는 유년 서사의 아름다움을 담은 「어머니의 겨울」 같은 시편도 있고, 한때는 "마음을 지극히 풀어 하늘을 품던 지성소" 였던 인사동이 지금은 "오랜 골목을 찾아와 서성이는 외국인의 발걸음이 더욱 안쓰럽다"는 쓸쓸함을 토로한 「仁寺洞 유감」도 있고, 학술 포럼에서 만난 한중일韓中日 연구자들의 서로 갈등하는 지적 상황 속에서 "유럽의 백인 패거리들이 새겨놓은 파시즘의 문신"을 유추하고 있는 「동북 공정과 사무라이」 같은 시편도 있다. 모두 이영섭 시편의, 타자들을 향해 번져가는 사랑의 시학을 증언하는 사례들이 아닐 수 없다.

5. 이영섭 시편의 현재적, 심층적 의미

우리는 초월적이고 영적인 실재보다는 물리적이고 감각적인 표상에 가치를 부여하는 시대를 살아가고 있다. 이러한 시대적 기율은 우리의 육체와 정신 속에 깊숙이 내면화되고 있다. 이때 우리로서는 이러한 가치 균열을 치유하려는 비전이 필요하게 되는데, 이영섭 시편들은 치유의 비전을 구체적으로 드러내면서 신앙에 바탕을 둔 구도자의 시선을 일관되게 내보인다. 이러한 면모는 궁극적이고 근원적인 기원(origin)을 추구하는 언어를 통해 구체화되는데, 그 점에서 감각적 실재를 넘어 영혼을 충일하게 하는 그의 시법詩法은 우리 시대의 묵시록과 잠언을 동시에 성취하고 있다 할 것이다. 그 성취의 은유가 바로 '내려놓음' 이다.

세상이 칠흑 어둠의 불길에 휩싸일 때
가증스러움의 혀가 광란으로 번들거릴 때
노예의 늙은 나이를 내려놓아야 하리

세상을 이처럼 사랑하사 서른세 살의 나이로
해골 언덕에 몸을 내려놓은 청년 예수 그리스도
피멍든 얼굴과 퉁퉁 부은 눈두덩을 바라보면서

아들이 피 흘려 죽음에 하늘 끝에서 애통하는
참담한 하나님의 그 큰 눈물방울의 클로즈업
패션 오브 크라이스트의 장면을 상기하면서

눈물이 어둠을 적시며 모든 관객의 무릎에 흘러
오랜 침묵을 깨고 애통의 홍수로 시작되는 여름
멈추지 않고 쏟아지는 폭우를 온몸에 맞으면서

그치지 않는 슬픔이 앞마당의 따알리아 허리까지
차오르며 가을을 부르는 구름과 바람을 막을 때
마음을 잃은 내게 주시는 말씀을 들어야 하리

내려놓고 내려놓고 또 내려놓으라는 눈물의

그 치솟는 물길이 내 어둠의 둑을 넘쳐흘러
오랜 통증으로 시달린 눈과 귀를 위로하면서

—「내려놓음」 전문

시인은 자신의 몸을 내려놓은 청년 예수처럼 칠흑 어둠의 세상에서 "노예의 늙은 나이를 내려놓아야" 할 것이라 고백한다. 아들이 몸을 내려놓았을 때 아버지가 흘리는 '눈물' 속에서 시인은 "마음을 잃은 내게 주시는 말씀"을 듣겠노라고 말한다. 그렇게 "내려놓고 내려놓고 또 내려놓으라는 눈물"이 어둠을 넘어 "통증으로 시달린 눈과 귀"를 위로하며 흘러가고 있다. 이처럼 '내려놓을' 때 임하시는 신의 은총과 함께 시인은 "어둠 속에 살면서 빛을, 일로 수고한 후의 휴식을, 시련 속에서 은혜를, 위기와 환난 속에서 믿음을, 무한한 질고 속에서 그치지 않는 생명에 대한 사랑"(「행복 전도사의 죽음」)을 얻고자 한다. 그리고 한편으로는 "더 낮은 곳을 향해/길 떠나는 나뭇잎들처럼/오직 당신을 마주함으로/기도의 무릎이 닳게 하소서"(「주여, 가을이 왔습니다」)라는 기원을 올리고 있다. 실상 '내려놓음'과 '당신을 마주함'은 의미론적 등가였던 셈이다.

결국 이영섭 시인은 이번 시집을 통해, 신神의 섭리를

긍정하면서, 인간적 실존의 의미를 두루 발견하는 과정을 보여준다. 이는 '신앙적 자아'를 통해 발화되는 신성 탐색의 과정과 함께 신앙고백과 자기 구원의 언어로 나아가는 과정에서 완성되고 있다. 우리 시대의 영적 기록인 이영섭 시편만이 지니고 있는, 현재적이고 심층적인 의미가 아닐 수 없다.

■ 해설 2

믿음으로 부르는 생명의 노래

금 동 철
(문학평론가)

1. 서정시와 근원

서정시는 본질적으로 자아와 세계 사이의 동일성을 토대로 하여 평안과 안식을 누릴 수 있는 세계를 창조해 내고자 하는 욕망을 지닌 장르이다. 그 세계는 자아의 존재론적 본질을 돌아볼 수 있게 만들 뿐만 아니라, 근원으로의 회귀를 가능하게 해 주는 것이기도 하다. 서정시가 현대인들에게 새로운 가치를 지니는 중요한 이유 중의 하나가 여기에서 발생한다. 세계 혹은 신과 분리되어 고립된

상태로 존재할 수밖에 없는 근대적 자아는 그 존재 자체가 본질적으로 평안과 안식을 발견하고 누릴 수 없는 존재이며, 서정시는 바로 그러한 상태의 인간들이 잃어버린 근원을 찾아갈 수 있는 길을 새롭게 가르쳐 주는 장르인 것이다.

이처럼 서정시 장르 자체의 속성이 자아와 세계 사이의 동일성을 통해 서정적 근원을 찾아가는 것이라면, 그것은 인간 존재의 근원이요 출발점인 신의 말씀을 따라 구원의 길을 추구하는 기독교적 세계 인식 방식과 일맥상통하는 점이 있다. 기독교적 세계 인식 또한 근원으로서의 하나님에 대한 추구를 기반으로 한다. 죄에 빠져 하나님의 세계로부터 추방당함으로써 진정한 안식과 평안을 상실해버린 인간이, 자신의 본원적인 한계와 문제점을 넘어 낙원으로 돌아가는 구원의 길을 추구하는 것이 곧 기독교적 세계 인식이라면, 이러한 하나님 나라에 대한 소망은 마찬가지로 근원을 향한 사유라고 할 수 있는 것이다.

이영섭 시인의 이번 시집에서 우리가 발견하는 것은, 죄의 본질과 그 무게를 인식한 자아가 그리스도를 통해 구원의 길을 찾아가는 구원에 대한 사유이다. 자아는 끊임없이 자신을 붙잡는 죄와 욕망을 넘어설 수 있게 해 주는 하늘로부터 오는 '은혜'를 소망한다. 시인을 붙잡는 인간 존재의 한계는, 죄의 짐에 눌려서 인간 스스로는 결코 그 세계로부터 헤어날 수 없다는 존재론적 인식으로부터 말미암는다. 오직 하늘로부터 오는 은혜만이 그 한계를 넘어서서 진정한 평안과 기쁨을 맛보는 구원을 소유하게 하는 것이다. 이러한 구원의 세계에 대한 사유는 또한 근원에 대한 서정적 사유이기도 하며, 안식과 평안의 세계에 대한 인간의 본능적인 추구이기도 함을 이 시집은 잘 보여준다. 이와 함께 이 시집에는 '다시 쓰기'라는 시작詩作 방법을 적극 활용하여 이미 우리에게 익숙한 성경 말씀들을 새롭게 해석하여 보여주기도 한다. 그리고 '하이쿠'라는 정형의 시 형태를 차용하여 우리 시사에서 아직 시도되지 않았던 새로운 시 형식을 새롭게 시도하고 있기도 하다.

2. 영혼을 울리는 구원의 노래

기독교적 관점에서 본다면 자아의 존재론적 근원을 향한 시선은 언제나 구원의 세계를 향해 열려 있는 시선이기도 하다. 이는, 그 시선이 닿는 지점이 곧 세상의 창조

자이며 주권자인 하나님이 계신 곳이며, 자아의 존재론적 한계를 넘어설 수 있는 구원의 동인은 바로 그 하나님으로부터 인간에게 내밀어지기 때문이다. 그러므로 기독교적 관점에서 구원을 소망하는 시선은, 인간의 발목을 붙잡고 있는 죄로 물든 이 땅을 향해 있는 것이 아니라, 구원을 베푸시는 하나님을 향해 있을 수밖에 없다.

인간은 본질적으로 죄의 한계를 벗어날 수 없는 존재이다. 인간은 어떠한 능력이나 노력으로도 자신의 한계를 벗어나 신의 세계에 발을 디딜 수 없다는 본원적인 절망이 기독교적 인간관의 기본 토대이다. 그러므로 그 절망을 뛰어넘을 수 있는 길은 외부 즉 인간을 넘어선 절대자인 신으로부터 올 수밖에 없다. 그것이 하나님의 진정한 '은혜' 이며 사랑인 것. 그리고 그 실체는 예수의 십자가이기에, 예수를 믿는 믿음만이 그러한 구원의 길을 누릴 수 있는 것이다. 이 시집에서 형상화된 자아의 시선이 주로 하나님이 계신 하늘을 향해 있는 이유도 바로 이러한 점으로부터 나온다.

어두운 골목길을 나와서
길을 찾다가
낡은 마음에 가려져

다시 길을 잃었을 때
하늘의 별이 보이지 않고
집을 찾을 수 없을 때
발잔등이 붓도록 늦게까지
사람들과 어울려 놀다가
세상이 낯설어지고 두려워져
안팎으로 길을 헤매며
돌아갈 곳조차 생각나지 않을 때
하나님이 공중에 높이 들어 올린 것은

내가 스스로 뱀에게 물렸다는 것
내가 스스로 십자가를 졌다는 것

놋뱀과 십자가는 고개를 숙인
세상에 길 없음을 알려주는 징표
성화(聖化)는 세상을 살아온
길의 어둠을 다시 묻고
보이지 않는 하나님의 길을 찾아가는
믿음과 생명의 회복이며
모세와 예수는 믿음을 확인하는
인자의 예표와 이정표이니

길위에 놓인 돌과 나무에 채여
세상을 술처럼 마시고 취해서
하나님의 길을 잃고 통곡할 때
놋뱀과 십자가를 다시 본다.

—「놋뱀과 십자가」 전문

사백 년 간 이집트에서 종으로 살던 이스라엘 민족이 하나님의 명령을 받은 모세의 인도로 이집트로부터 벗어나서 새로운 땅 가나안으로 향하는 광야 길에 들어섰을 때, 그들은 광야 길이 주는 고통스러운 현실 때문에 하나님과 모세를 원망한다. 이러한 원망 때문에 하나님께서는 이들에게 불뱀들을 보내시고, 그것에 물린 많은 이들이 죽음을 맞는다. 이에 모세는 하나님께 기도하고, 하나님께서는 모세에게 놋뱀을 만들어 장대에 높이 매달아 놓게 하여 그것을 쳐다보는 사람들은 살 수 있도록 만들어 주신다. 뱀에게 물린 사람들 중 그 놋뱀을 쳐다본 자는 신기하게도 살아나는 기적을 경험하는 것이다. 하나님을 거역하고 불평한 자신들의 죄로 인해 죽을 수밖에 없었던 이스라엘 민족에게, 놋뱀은 새로운 삶을 살 수 있는 구원의 길이 된 것이다. 십자가에 달리신 예수님 또한 이와 동일한 것. 하나님 앞에서 범한 죄로 인해 죽을 수밖에 없는 인간에게, 하나님은 예수를 십자가에 달려 죽게 하심으로, 그 십자가를 보고 믿는 모든 인간들에게 새로운 생명을 주시는 것이다.

이 시에서 자아가 인식하는 인간의 문제는, 스스로 짊어진 본원적인 죄의 굴레에 갇혀 더 이상 구원의 길을 찾을 능력을 완전히 상실해 버렸다는 점이다. "어두운 골목길을 나와서/길을" 찾지만, 그러한 자아는 죄라는 인간의 굴레 속에 갇혀 있는 존재이기에 "낡음 마음에 가려/다시 길을 잃"을 수밖에 없는 것. 그 길에서 자아는 "하늘의 별"을 볼 수도 없고, 안식할 수 있는 "집"도 찾을 수 없어, 끝없이 방황할 수밖에 없는 존재이다. 이러한 자아에게 세상은 갑자기 낯설어지고 두려워지는 것. 세상의 가치와 논리를 열심히 좇아 "발잔등이 붓도록 늦게까지/사람들과 어울려 놀"던 자아의 존재방식이 어느 순간 갑자기 변해서, 그렇게 익숙하고 편하며 즐거움을 줄 것 같던 "세상이 낯설어지고 두려워져/안팎으로 길을 헤매며/돌아갈 곳조차 생각나지 않을 때"를 경험하는 것이다.

길을 잃은 자아에게 하나님은 "놋뱀과 십자가"를 높이 들고 그것을 바라보라고 하신다. 하나님께서 "스스로 뱀에게 물렸"으며, "스스로 십자가를 졌"던 것을 말해 주는 것이며, 그 길만이 죄에 빠져 구원의 길을 완전히 상실해

버린 인간이 구원에 이를 수 있는 유일한 길인 것이다. 이러한 구원의 길은 인간으로부터 말미암은 길이 아니라 하나님으로부터 내밀어진 화해의 손이며, 하나님께서 보여주는 진정한 사랑의 표시인 것이다. 진정한 신이며 진정한 인간인 예수가 스스로 십자가를 지고 높이 달릴 때, 인간은 죄 사함과 구원에 이르는 길을 얻을 수 있게 된 것이다. 그런데 이것은 역으로 "세상에 길 없음을 알려주는 징표"이기도 하다. 그래서 자아는 자신의 논리에 따라 "세상을 살아온/길의 어둠"을 묻어버리고, "보이지 않는 하나님의 길"을 찾을 수 있게 되는 것. 오직 예수의 십자가만이 이처럼 자아를 새롭게 승화시킬 수 있는 능력을 지니고 있는 것이다.

이는 곧 존재론적 근원을 향한 시인의 시선이기도 하다. 이를 통해 시인은 인간 존재의 한계를 명확하게 인식하고, 그 존재론적 근원인 하나님께로 믿음의 손을 뻗을 수 있게 되는 것이다. 존재론적 근원을 향한 시인의 시선은 그래서 생명을 담지하는 시선이 된다. 하나님으로부터 내밀어진 손을 맞잡음으로써 자아 또한 하늘로부터 오는 생명을 누릴 수 있게 되기 때문이다. 이것이 자신의 존재론적 근원 즉 하나님으로 향한 시인의 시선이 소유하게 되는 진정한 가치와 의미인 것이다.

하늘로 향한 시인의 시선은 이 시집 전편에 골고루 나타나 다양한 변주를 보여준다. 그것은 죄라는 인간 존재의 본원적 한계를 인식하게 만드는 것이기도 하고, 그러한 인간에게 구원을 베푸시는 하나님의 무한한 은혜를 찬양하는 구원의 노래로 나타기도 한다.

노래하라

우리가 이땅에서 오래도록 당한 압제와
감당할 수 없는 통곡을 넘어선 시간을

우리 가슴에 늘 품어온 죽음의 유언장과
오직 의지할 수밖에 없는 당신의 권능을

크나큰 사망의 늪에 사로잡힌 영혼과
벼랑의 목숨을 붙드는 그 큰 손바닥을

부르짖는 입술과 울림에 겨운 소리들아
간절히 소리쳐라 네 음성이 은혜를 입었음을

—「모두가 위로 받는 날」 중에서

인간의 삶이 "감당할 수 없는 통곡을 넘어선 시간"으로 가득 차 있고, 언제나 가슴에 "죽음의 유언장"을 품고 살아갈 수밖에 없는 것임을 인식하는 순간, 인간의 삶은 지극히 어둡고 암울한 것이 된다. 그래서 인간은 "크나큰 사망의 늪"에 빠져서 도저히 벗어날 수 없는 철저하게 무기력한 존재일 수밖에 없는 것. 그럼에도 불구하고 이 시에서 자아는 진정한 기쁨을 느끼면서 스스로에게 "노래하라"고 주문한다.

어둡고 암울한 자기 인식에 빠져 있는 자아로 하여금 이렇게 노래를 부를 수 있게 만들어 주는 것이 무엇인가. 그것은 바로 자아가 "당신의 권능"에 의지할 수 있다는 단 하나의 사실로부터 오는 것이다. 자아는 여기서 "사망의 늪에 사로잡힌 영혼과/벼랑의 목숨 붙드는" 절대자의 그 커다란 손바닥을 느낀다. 이러한 느낌을 통해 자아는 사망의 두려움을 넘어서는 진정한 위로와 평안을 경험하게 되는 것. 그래서 그 손바닥은 자아에게 새로운 생명을 누릴 수 있게 만들어 주는 진정한 은혜와 축복이 되는 것이다. 이것은 암울한 세상을 초월하여 존재하는 유일한 구원의 길을 찾은 시인이 누리는 진정한 행복이요 기쁨이다.

이러한 기쁨의 노래는 자아에게 안식과 평안을 가져다

주는 구원의 노래가 된다. 이 시집의 여러 시편들에서 이러한 구원의 노래는 다양하게 드러난다. 그것은, "오직 회개의 솥으로/용서를 구할 때//온전한/숨을 돌려주시며//제 발을 다시 씻으시는/주" 님(「재생의 기도」 중에서)을 인식하며 부르는 노래이며, 하나님을 향해 "그러나, 당신은 내 믿음의 방패/오로지 나의 기쁨이며/내 머리를 세상에 드시는 분"(「적에게」 중에서)임을 고백할 수 있는 자만이 부를 수 있는 노래인 것이다.

이러한 자리에서 새롭게 다가오는 것 중의 하나가 이 시집에서 형상화된 '어머니' 이미지이다. 시인에게 어머니는, 자아가 이 땅에 존재할 수 있도록 만들어주는 하나님의 무한한 사랑의 매개물이기도 하다. 당신의 희생적 사랑을 통해 한 인간으로서의 자아로 존재할 수 있게 되는 것임을 다음은 잘 보여준다.

> 황제펭귄들은 1년에 알 하나를 낳아 키운다. 암컷이 낳은 알을 넘겨받은 수컷은 남극의 얼음에 얼어죽지 않기 위해 알을 발 위로 조심스럽게 받아서 자신의 뱃가죽으로 덮어 부화시킨다. 알에서 깨어나온 새끼는 아빠 펭귄의 발 위에서 한시도 내려놓지 않고 품어 키운다. 엄마 펭귄이 먹이를 구해 올 때까지 아빠 펭귄은 먹이를

조금씩 뱉어내어 새끼의 목숨을 이어간다. 아버지 없이
어머니의 등에 업혀 피난살이를 하던 유년, '일사후퇴'
의 겨울은 몹시 추웠다. 동상에 걸려 새끼발까락이 빨갛
게 붓고, 굶주린 배가 더욱 쓰렸다. 포탄이 퍼붓는 악몽
에서 살아남은 갓난아이와 가난한 어머니의 눈빛은 자
주 흐렸다. 아이를 들쳐 업고 어머니는 쪽진 머리 위에
늘 큰 함지박을 이고 허리가 휠 정도로 장터를 누비고
다녔다. 늦은 밤 땀 냄새로 얼룩진 서울역 하행선 3등
대합실은 숨을 쉬기조차 버거웠다. 황해의 시린 칼바람
을 맞으며 생선 비린내가 코를 찌르는 어두운 화물칸 한
구석에 서서 어머니는 나를 가슴에 찰싹 품고 추운 겨울
을 버텼다.

—「황제펭귄」 전문

자아가 전쟁이라는 고통스러운 시기를 넘어설 수 있게 만들어주는 것은 어머니의 따뜻한 사랑이다. 이 시는 그것을 무엇보다 선명하게 보여준다. 남극의 얼음장 같은 차가운 칼바람을 막아주는 아빠 펭귄의 따뜻한 발과 뱃가죽, 그것을 대신한 어머니의 그 따뜻한 등은, 고통스럽고 힘겨운 겨울 같은 현실을 견뎌낼 수 있게 하는 진정한 사랑이었던 것이다. 이러한 어머니의 사랑은, 더 넓은 의

미에서 본다면, 죄에 빠져 죽을 수밖에 없는 자아를 구원하는 하나님의 사랑에 대한 매개물이 되는 것이다. 이는 곧 육체의 근원으로서의 어머니나 영혼의 근원으로서의 하나님을 만나는 것이 진정한 생명으로 향해 열린 길임을 보여주는 것. 그러므로 시인은 이처럼 항상 생명의 촉수를 근원을 향해 드리우고 있는 것이다.

3. '다시 쓰기' 의 의미

이 시집에서 시인은 성경에 나오는 구절들에 대한 다시 쓰기를 통해 자아와 세계와 하나님에 대해 근원적으로 성찰할 뿐만 아니라, 그것을 현실 세계에 적절하게 적용함으로써 성경 본문의 의미를 더욱 풍성하게 만든다. 기독교적 관점에서 이것은 상당히 중요한 의미를 지닌다. 성경의 여러 구절들이 내포하고 있는 메시지와, 그 성경을 읽는 사람들이 경험하고 살아가는 현실적인 경험적 세계 사이에는 언제나 상당한 간격이 존재할 수밖에 없다. 성경이 먼 과거에 언어로 기록된 것이기에 언제나 이러한 시공간적 간격이 문제가 될 수밖에 없는 것이다. 그런데 시인은 이러한 간격을 뛰어넘어, 그렇게 기록된 말씀이 자신의 경험 세계 속에서 살아날 수 있도록 '다시 쓰기'라는 시적 기법을 활용한다. 다시 말해 성경과 경험 사이에 존재하는 본원적인 간격을 다시 쓰기를 통해 메워내고 있는 것이다. 이는 시인이, 성경 구절이 말하고 있는 주된 의미망은 그대로 유지한 채 그곳에다 자신의 경험세계와 자아에 대한 인식을 슬며시 끼워 넣음으로써, 성경 구절들이 지닌 의미를 경험적 관점에서 새롭게 구체화시는 것이다. 이제 성경 구절들은 단순하게 기록된 딱딱한 기호로서의 말이 아니라, 시인의 삶 속에서 그 의미를 확장하는 살아있는 말씀이 되는 것이다.

> 물장구를 치며 소름 돋는 살갗을
> 닭살 돋는다고 깔깔대던 용호가
> 늘 하늘의 율법을 즐거워하더니
> 잎사귀가 마르지 않은 나무가 되어,
> 아버지의 시냇가에 우뚝 서 있는데
> 나는 바람에 나는 겨와 같이 심판에
> 견디지 못할 만큼 세상을 떠돌다가
> 형제들이 있는 곳에서 멀리 있으니
> 아버지는 내게 말씀으로 다시 이르시네
> 의인의 길은 인정하나 악인의 길은 망하리라

부끄러운 내가 어찌 아버지의 문을 두드릴까
다만 이 칠흑 어둠에서 멀리 벗어날 때까지
형제의 순한 웃음과 눈빛을 간직하고 살아가리

—「回心을 위한 노래 —시편 1편」 중에서

시편 1편을 다시 쓰기를 한 이 시에서 시인은, 성경에서 원래 말하고 있는 의미를 새롭게 해석하여 자신의 실제적인 삶의 경험 속에 적용하고 있다. 시편 1편은 전체적으로 "의인"과 "악인" 사이를 분명하게 가르고, 여호와께서 인정하시는 "의인의 길"과 여호와께서 인정하지 아니하시는 "악인의 길" 사이의 선명한 대비를 보여준다. 시인은 자아의 삶을 '악인의 길'로 묘사하고, 이종사촌인 "용호"의 삶을 의인의 길로 형상화한다. 그리고 이를 통해 세상의 논리와 욕망을 따라 살아온 자아의 삶에 대한 진정한 반성과 회개를 노래하는 것이다.

이러한 다시 쓰기는 단순한 성경 구절의 반복을 넘어서는 자리에 서 있다. 성경의 구절들을 자아의 실제적인 경험과 삶에 적용함으로써 자아의 삶을 성경에 비추어 다시 볼 수 있게 만들어줄 뿐만 아니라, 성경 말씀의 의미를 자아의 경험으로 다시 읽어냄으로써 그 의미를 더욱 풍성하게 만들어주고 있기 때문이다. 사람들이 성경을 읽을 때 범하게 되는 자아의 현실과 성경 사이의 간격을, 시인은 이러한 상상력을 통해 메워 내고 있는 것이다.

이러한 다시 쓰기를 시인은 다양한 시들을 통해 시도한다. 고린도전서 15장의 부활에 대한 바울의 진술을 다시 쓰는 것((「부활의 몸」)을 비롯해서, 시편 2편(「아버지의 숨바꼭질」), 시편 3편(「적에게」) 등의 시들뿐만 아니라, 〈2부 사도행전〉이나 〈4부 하이쿠 시편〉 등에 실린 시편들이 바로 이러한 경우이다. 이와 같은 다시 쓰기를 통해 시인은 성경의 말씀과 실제적 삶의 경험 사이를 결합하여 새로운 의미망을 창출하는 데 사용한다. 다음의 시 또한 다시 쓰기를 통해 새로운 의미를 창출하고 있는 경우 중의 한 예이다.

내가 마지막 떠날 때
그대 겨울 눈빛에 잠긴
이슬의 슬픔을 보리

나그네의 길에 잠깐 만나
나눈 붉은 사랑
이파리가 더디 피리니

숱한 문을 지나
들어가는 성곽에
대적할 자가 많으며

가난한 나그네를 만나도
형제처럼 따뜻이 대해
첫 열매를 간직해야 하리

—「겨울나기 — 고린도전서 16장」 전문

그런데 이러한 다시 쓰기의 방법으로 쓰여진 여러 작품들 중에서 따로 주목해 보아야 할 것 중의 하나는 4부에 실린 '하이쿠 시편' 이다. 일본의 전통 정형시형 중의 하나인 '하이쿠' 의 정형성을 차용하여 성경의 아가서를 다시 쓰기 하고 있는 이 시편들은, 짧은 구절 속에 시상을 응축함으로써 전달하고자 하는 의미를 더욱 강렬하게 만드는 효과를 올리고 있다. 아가서는 이스라엘의 위대한 왕 중의 하나인 솔로몬과 그가 사랑하는 술람미 여인 사이에 오고간 아름다운 사랑의 노래들을 모아놓은 것이다. 이러한 사랑은 단순한 연인 사이의 사랑을 넘어서 하나님께서 인간과 나누는 영원한 신적 사랑에 대한 알레고리로도 읽힌다는 것은 널리 알려진 사실이다. 시인은 이러한 아가서 다시 쓰기를 통해 자아에게 베풀어지는 사랑과 구원의 기쁨을 노래하는 하이쿠 시편들로 만들어내고 있는 것이다.

샤론의 백합
골짜기의 나리꽃
달콤한 그대

이 시편에서 우리는 아가서의 중요한 주제 중의 하나인 사랑하는 연인을 보는 따뜻하고 아름다운 시선을 느끼게 된다. 그 시선은 결코 속되거나 욕되지 않고 아름답게 승화되어 있는 지순한 사랑의 형상이다. 그런데 시인은 아가서를 또 다른 방법으로 해석함으로써 이러한 남녀 간의 사랑이라는 것에만 머무르지 않는다.

우슬초 잎새
강을 건너면
화사한 얼굴

우슬초는 이스라엘의 제사 의식 중에서 인간들의 죄를 씻어주는 속죄 의식을 위해 사용하는 풀이다. 이러한 "우슬초 잎새"를 언급하는 것을 통해 우리는 자신의 죄를 벗고 하나님 앞에 서고자 하는 시인의 소망을 읽을 수 있다. 이러한 우슬초 잎새를 통과할 때 자아는 앞에서 환하게 반겨주시는 하나님의 얼굴을 만나게 되는 것이다. 이것은 여기서 형상화되는 사랑이 남녀 간의 육체적 사랑을 넘어서는 영혼의 구원과 관련된 것임을 보여주는 것이다.

이러한 시들은 이영섭 시인의 시선이 어디를 향해 있는지를 잘 인지할 수 있게 해 주는 표지이기도 하다. 그의 시선이 인간의 존재론적 근원인 하나님을 향해 있으며, 그 하나님으로부터 내밀어지는 구원의 도인 예수 그리스도의 십자가에 집중되어 있음을 우리는 여기서 확인하게 되는 것이다. 이러한 인간의 근원을 향해 열린 시선은 생명을 향해 열린 시선이기에 더욱 중요한 의미를 지닌다. 그의 노래는 그래서 생명의 노래가 되는 것이다.